Branding: Entendiendo la Marca

Primera Edición: Octubre 2022
ISBN: 9781980333609

D.R. © 2021, Luis Guillermo Olin Gutierrez
Publicado originalmente en Kindle Digital Publishing
www.amazon.com

Kindle Digital Publishing apoya la protección del copyright.
El copyright estimula la creatividad, defiende la diversidad en el ámbito de las ideas y el conocimiento, promueve la libre expresión y favorece una cultura viva. Gracias por comprar una edición autorizada de este libro y por respetar las leyes del Derecho de Autor y copyright. Al hacerlo está respaldando a los autores y permitiendo que KDP continúe publicando libros para todos los lectores.

Queda prohibido bajo las sanciones establecidas por las leyes escanear, reproducir total o parcialmente esta obra por cualquier medio o procedimiento así como la distribución de ejemplares mediante alquiler o préstamos públicos sin previa autorización.
Si necesita fotocopiar o escanear algún fragmento de esta obra diríjase a CemPro (Centro Mexicano de Protección y Fomento de los Derechos de Autor, https://www.cempro.com.mx)

Imágenes: Adobe Stock
Ilustraciones: The Noun Project

Hecho en México. Impreso en EUA. Made in México. Printed in USA.

BRANDING
ENTENDIENDO LA MARCA

BRANDING

ENTENDIENDO LA MARCA

BRANDING
/ˈbrandiNG/

sustantivo. anglicismo que se utiliza para describir la acción o el proceso de definición y construcción de **una marca.**

"

A medida que el ritmo de los negocios se acelera y el número de marcas se multiplica, son los clientes, y no las empresas, quienes deciden qué marcas viven y cuáles mueren.

"

- Marty Neumeier

PREFACIO 8
INTRODUCCIÓN 13
BRANDING: BREVE HISTORIA 17
DEFINICIÓN DE BRANDING 34
EVOLUCIÓN DEL BRANDING 43
OBJETIVOS DEL BRANDING 59
¿QUÉ ES UNA MARCA? 68
TIPOS DE MARCA 72
ARQUITECTURA DE MARCA 79
ESTRATEGIA DE ARQUITECTURA DE MARCA 83
PERSONALIDAD DE MARCA 90
ELEMENTOS VISUALES DE LA MARCA 103
IDENTIDAD DE MARCA E IMAGEN DE MARCA 109
LOS ARQUETIPOS DE MARCA 114
EL USO DE LOS ARQUETIPOS 132
OTROS CONCEPTOS RELACIONADOS CON LA MARCA 135
LA MARCA ES UN TANGIBLE 142
ESTRATEGIA DE MARCA 145
ADN DE MARCA 150
¿QUÉ TIPOS DE BRANDING EXISTEN? 15
¿BRANDING, MARKETING Y PUBLICIDAD? 158
LAS DIMENSIONES DEL BRANDING 163
VENTAJAS DEL BRANDING 175
¿POR QUÉ INVERTIR EN BRANDING? 178
10 GRANDES EJEMPLOS DE BRANDING 182
PRÓXIMA DÉCADA 192
EPÍLOGO 200

PREFACIO

Las organizaciones enfrentan un cambio paradigmático fomentado por múltiples factores socio-económicos, culturales y tecnológicos. La actualidad ha marcado grandes cambios en la sociedad, los cuales son potencializados con las tecnologías de la información y la comunicación; el internet revoluciona la manera de hacer negocios en el mundo.

Más allá de que internet representa una realidad que modifica el modo en que viven las personas, internet genera nuevas formas de consumir contenido, de comunicar información e incluso de relacionarse con el entorno de cualquier persona, producto o empresa; derivado de esto, la economía global comienza a basarse en **compartir creando valor**.

Por ello la comunicación tradicional se ha vuelto incómoda y obsoleta, los mercados altamente competitivos por las nuevas lógicas sociales establecen que cualquier persona, producto o empresa debe de evolucionar al concepto de branding para ser aceptadas por el nuevo consumidor.

Según Marcelo Ghio[1], las marcas han dejado de ser solamente un logo o un nombre diferenciador para convertirse en uno de los pilares más importantes de toda compañía y de su ventaja competitiva. La marca se ha vuelto una síntesis comunicacional de valores, atributos y beneficios que incluyen, por un lado una realidad material conocida como identidad de marca, a través de la cual las compañías pueden diferenciarse e identificarse en el mercado y por otro lado, no se trata únicamente, de un nombre, término, signo, símbolo, diseño o combinación de todo ello para identificar, sino de un valor de referencia, un símbolo de garantía y responsabilidad que implica confianza, consistencia y expectativas. La marca tiene ya una doble función: dar identidad y diferenciar. En ese sentido, el branding es una identidad, un conjunto de promesas pero también una conducta.

Si queremos ser románticos, son todas aquellas acciones dirigidas a dar valor, razón de existir, esencia y pasión. Se trata de una experiencia, de una sensación, de una percepción dentro de la mente del consumidor. El branding es entonces cuando convertimos un producto o servicio en una marca.

---

[1] Ghio, Marcelo. Oxitobrands: Marcas Humanas para un Mercado Emocional. Buenos Aires, Argentina. Experimenta; Edición 1st, 22 octubre 2020.

No basta con solo vender un producto o servicio, cualquiera puede hacer eso. Tener una personalidad, propósito y poder identificarse con las personas, sus historias y sus vidas, es el diferenciador actual en este mundo interdependiente.

La gestión de todos los activos distintos de una marca sean tangibles e intangibles, para construir una promesa y experiencia sostenible en el tiempo; **se logra entendiendo el branding.**

- Wally Olin

INTRODUCCIÓN

En todas las sociedades, los cambios se impulsan por tres elementos básicos: la tecnología, los valores y las instituciones. Hoy, en la tercera década del siglo XXI se ha alcanzado el momento clave, cada innovación, cada pensamiento, cada creación original se vuelve inmediatamente accesible por la comunicación instantánea, la retroalimentación y la sincronización de las tecnologías. Pareciera que en la sociedad actual, la rapidez de las respuestas, la disponibilidad horaria, la duración de la atención, se vuelven claves competitivas básicas en los negocios, el saber significa cambiar.

Como explicó en su momento Richard Honacks[2], en la actualidad, los seres humanos pertenecen a la cultura del nanosegundo, donde todo es velocidad. Se vive necesitado de estar constantemente actualizado, dispuesto a adoptar los cambios, las sociedades e individuos actuales valoran la libertad, la movilidad y la distancia, es decir que la interacción entre individuos ya

---

2　　Profesor de marketing en Kellogg School of Management (Estados Unidos), con gran experiencia en gestión de medios de comunicación. Sus investigaciones se han enfocado en la cultura del nanosegundo, marketing y liderazgo generacional, marketing de servicios e iniciativas globales de gestión.

no requiere, necesariamente, de permanecer próximo a otro para llevar a cabo cualquier tipo de intercambio de información o conocimientos. Prácticamente, nada se encuentra limitado por las distancias. Ahora disfrutamos de una conectividad instantánea con nuestros amigos y socios comerciales de todo el mundo, gracias a los teléfonos móviles, la mensajería instantánea y el correo electrónico. Estamos tan conectados que corremos el riesgo de desconectarnos. El mejor fabricante ya no es el que tiene el mejor producto, sino el que tiene la cadena de suministro más rápida. No sólo vivimos en un mundo más rápido, sino en un mundo de MÁS.

En el mundo contemporáneo, las marcas se convierten en un fenómeno comunicacional y comercial, trascendiendo y manifestándose como un activo componente de la cultura. Las marcas llegan a la emoción y a la sensualidad a tal punto que están ligadas no tanto a la funcionalidad del producto o servicio, más bien, a lo que cada una significa para el consumidor. Cada producto y servicio se define por sus características. Se construye una identidad poniendo de manifiesto los atributos funcionales y evidenciando los beneficios asociados a su uso. No adquieren toda su importancia y valor hasta el momento en que la saturación de producción y de los medios de comunicación las vuelve numerosas y omnipresentes. La marca se convierte en el sentimiento visceral de una persona sobre un producto, servicio o empresa. La gente crea marcas para poner orden en el desorden. La palabra BRANDING capta la complejidad y la riqueza de este concepto. No es lo que tú dices que es, es lo que ellos dicen que es.

BRANDING: BREVE HISTORIA

Las marcas son tan antiguas como la actividad comercial. Aparecen en los primeros intercambios comerciales por razones meramente utilitarias. El autor Manuel Martín García[3] menciona, que "el origen de las marcas se remonta al siglo VIII a.c., en el mundo mediterráneo, donde los artesanos y mercaderes identificaban sus productos o servicios mediantes marcas"; dichos artesanos y mercaderes marcaban las ánforas que contenían los productos agrícolas para identificar su origen, o las reses para evidenciar su pertenencia e indicar la propiedad de las mismas. Estas marcas, obtenidas por medio de incisiones en el barro fresco antes de su cocción, eran signos alfabéticos, figurativos y geométricos que incluían anagramas, siglas, abreviaturas, acrónimos, etcétera. Se entiende entonces, que la función principal de las marcas era informar el lugar de origen de los productos a través de la marca del alfarero, a modo de garantía sobre las características de los mismos y, mediante la del comerciante que los llevaba al mercado para facilitar las labores de estiba y almacenamiento identificando la propiedad de las mismas.

---

3   Martin García, Manuel. Arquitectura de Marcas: Modelo General de Construcción de Marcas y Gestión de sus Activos, Madrid, Esic Ed., 2005.

El origen etimológico de la palabra "marca" se remonta a la Edad Media (476-1492), en Suecia. En dicha época, la actividad económica fundamental era la agraria y las materias primas que se obtenían de la naturaleza: animales, minerales, plantas, etcétera. La etimología del término indica que la palabra "marca" es una evolución del antiguo término escandinavo "brandr", que significa "quemar".

Existe un antecedente más curioso en la Roma Clásica, donde los alfareros marcaban sus vasijas para identificar y vincular al artesano con la calidad de éstas. Otro caso similar fue en la Edad Media, las marcas colectivas o gremiales, hicieron evolucionar el concepto de marca, considerándose como un sello de garantía.

Así, la marca se fue convirtiendo, poco a poco, en un instrumento de control debido a que identificaba los productos que podrían ser vendidos en determinado mercado. Tiempo después, este término se expandió a Inglaterra, donde se incorporó al lenguaje habitual como "brand"[4] y a partir de ahí, todo empezó a ser marcado. Artesanos marcando sus bienes, imprentas creando marcas de agua en sus papeles, farmacéuticas y tabacaleras marcando sus productos. Sin embargo, el branding que hoy en día conocemos explotó en la Revolución Industrial, en dicho entonces, la marca era básicamente un logo.

La necesidad de diferenciar los productos surgió con el consumismo, a partir de la II Guerra Mundial llevándonos hasta la década de los 90s, época en que el branding fue clave en el marketing. Se empezó a invertir grandes cantidades en publicidad para vender a los consumidores la marca.

La marca se había convertido en una forma de comunicar características y beneficios del producto. Ya no se

---

[4] Palabra inglesa, acuñada durante la Edad Media, que significa marca.

vende el producto, se vende la marca. A lo largo de los años la oferta se ha incrementado considerablemente y sus esfuerzos por generar una imagen que sea reconocida cada vez son más intensos. El branding juega un papel muy importante a la hora de decidir construir la identidad de un producto, servicio, persona o empresa, pues de esto depende que la marca sea identificada en el mercado como la mejor opción de compra creando una relación con el consumidor. Para el consumidor supone una promesa de lo significa; es decir, la promesa de los beneficios que el usuario obtiene de un producto u organización, mientras que para el ofertante la preferencia de los consumidores por la marca genera un mayor posicionamiento y valor de la misma.

El posicionamiento consiste en ocupar un lugar preferencial en la mente del consumidor de manera que este tenga preferencia por un determinado producto o servicio dejando en segundo lugar otras marcas. Debe ser aspiracional, para que la marca tenga espacio de crecer y mejorar, y esto porque el posicionamiento de marca en el mercado requiere que los consumidores entiendan lo que ofrece y lo que hace que sea una opción competitiva superior a las demás.

Tenemos el famoso caso de Apple, más allá de lo visual, uno de los aspectos más importantes que tiene cualquier marca es la capacidad de ser coherente y consistente con sus atributos. Esta gestión involucra también el aspecto comunicativo: ¿Cómo se comporta la marca? ¿Qué personalidad tiene? ¿Cómo habla? Esta experiencia es lo que le otorga posicionamiento y, a través de este, crecimiento y rentabilidad. Apple entiende que todas las decisiones comunicativas que toma están alineadas a los atributos que busca mostrar.

En su comunicación, se anuncia como lo complejo hecho simple, la tecnología amigable, la innovación que antecede al futuro. Pero esta comunicación no es solo un mensaje construido a través de su publicidad. Apple reafirma estos conceptos en todos los aspectos en los que el consumidor tiene contacto con la marca.

A nivel visual, Apple mantiene una imagen minimalista y sencilla, donde el blanco predomina sobre los demás elementos, dándonos la sensación de algo limpio y poco complejo, a la vez que tecnológico sin dejar de ser amigable. Podemos ver que, más allá de su manejo del color, diferentes aspectos de su identidad visual contribuyen a asentar esta percepción: el logo, el estilo fotográfico e incluso la elección tipográfica.

Sin embargo, la construcción de la marca no se remite únicamente a la identidad. Muchas marcas pueden tener un excelente diseño a nivel visual y carecer de coherencia en otros aspectos. Apple va más allá de la faceta del diseño y construye una experiencia verdaderamente integral.

A nivel espacial, sus tiendas tienen características comunes: desde el perfil de las personas que atienden y asesoran a los clientes, usualmente personas amables y jóvenes, hasta la distribución de los objetos dentro del espacio. Al igual que en sus diseños, el espacio libre predomina en sus tiendas, y son las máquinas que muestran lo que resaltan en él.

A nivel de empaque, podemos observar que se mantiene la misma coherencia. Los diferentes productos de Apple están empaquetados de una manera sencilla e intuitiva, para que el usuario descubra paso a paso los componentes de su compra, independientemente del producto que haya adquirido.

Asimismo, vemos el mismo sentido de comunicación en su web, en sus redes sociales, en su estilo fotográfico y en todas las demás piezas de su comunicación externa. Mantener este nivel de orden en una marca de las dimensiones de Apple no es sencillo, pero se logra porque existe un sentido claro de la dirección y el concepto que componen el ADN de la marca en su nivel más básico. Esto permite que las decisiones creativas que se toman a nivel comunicativo estén siempre orientadas por un objetivo común.

Desde luego, estos atributos requieren un trabajo permanente. Algunas veces es necesario identificar los aspectos comunicativos que presentan dificultades. Esto también podemos observar en el caso de Apple, cuyo principal atributo alguna vez fue la innovación. Sin embargo, debido a que las marcas son entidades cambiantes que deben adaptarse al tiempo y a diferentes contextos, una estrategia de branding puede también ayudar a reconstruir los aspectos que deben ser mejorados sin cambiar la esencia misma.

Hoy en día se considera branding al proceso de creación, desarrollo y construcción de la marca, el nacimiento de todo lo que ésta representa y sus valores. Su identidad.

La esencia de la identidad de las marcas reside en el símbolo, pero no como parte de un imagotipo o una marca comercial, sino como elemento expresivo de una idea a la que se atribuye un significado esotérico (interior, oculto) y otro exotérico (exterior, visible). El símbolo nace con la aparición del ser humano y su afán ancestral por la trascendencia, lo que nos remonta a las primeras manifestaciones de pensamiento y destreza del hombre de las cavernas, donde se plasmaban petroglifos que recogían sus inquietudes de una manera muy sintética, dando muestra de una gran capacidad intelectual para abstraer y representar la realidad de su vida cotidiana, creencias, experiencias y vivencias. Dichos pictografías eran escenas que empleaban símbolos icónicos, es decir, si se quería representar un bisonte, el dibujo parecía un bisonte y no otra cosa, lo que permitía que las personas pudieran entenderlo independientemente de que hablaran o no una misma lengua.

Indagando en la etimología del símbolo, Ernst Cassirer[5], afirma que "...el pensamiento simbólico y

---

5   Filosofía de las Formas Simbólicas, III: Fenomenología del Reconocimiento 2ª ed. Mé-

la conducta simbólica se hallan entre los rasgos más característicos de la vida humana y todo el progreso de la cultura se basa en estas condiciones. [...] En los símbolos los hombres se ponen de acuerdo para referirse o comunicar algo, por eso deben ser aprendidos y por eso también cambian de un lugar a otro (lo que no ocurre con las señales como el humo o las huellas)".

Cassirer basa su argumentación en la capacidad de simbolización que posee el hombre y es por esta misma razón que lo denomina como "un animal simbólico". Walter Landor[6], uno de los mayores exponentes del diseño de marcas de todos los tiempos, en alguna ocasión mencionó "... las marcas se crean y viven en la mente".

La mayoría de nosotros conocemos la marca Nike, marca con un valor estimado en el mercado de aproximadamente $10,7 mil millones de dólares, Nike se ha posicionado internacionalmente como la marca líder en la industria del diseño, desarrollo y

---

xico: FCE, 1998. 558 pp.

6   Walter Landor, considerado una leyenda del diseño de marca, nació en 1913 en Walter Landauer, Munich. Hijo de un arquitecto, se empapó en la atmósfera vanguardista de la Bauhaus. Fue un pionero en el estudio de la imagen marca y creó técnicas de investigación en consumidores utilizadas aún hoy día. Creó en 1941 Landor Associates, que hoy tiene oficinas en todo el mundo.

manufactura de artículos deportivos. Sin embargo, Nike ha tenido que establecer y mantener su lugar en un mercado competitivo y cambiante. Para lograrlo, Nike ha diseñado y refinado una serie de estrategias de marketing inteligentes, receptivas y dinámicas, mismas que han contribuido a la concepción y perfeccionamiento de la marca que hoy en día el mundo entero conoce.

El branding de Nike como estrategia de marketing es indudablemente tan relevante como el producto. En 1973, nació la marca "Nike", nombre que hace referencia a la diosa griega de la victoria. El emblemático diseño del logotipo fue creado por la estudiante Carolyn Davidson por una suma de $35. Ambos elementos son pilares de la filosofía Nike que intenta motivar y empoderar a los usuarios: "si tienes un cuerpo, eres un atleta". Asimismo, Nike se diferencia de sus competidores promoviendo ideas de individualismo y empoderamiento personal, recordando a Cassirer, "las marcas viven en la mente". El eslogan icónico "Just do it" representa el atleta rebelde que agresivamente se reta a sí mismo y lucha por superar sus propios límites.

Cuando una marca está tan enraizada en la mente de las personas, al punto de que sustituye la categoría del producto del que hace parte, podemos decir que ha llegado al top of mind.

Traduciendo de forma literal, el término "top of mind" significa "tope de la mente". En una expresión coloquial del español, podríamos entenderla como "en la punta de la lengua". De esta forma, son las marcas que, fácilmente, se vienen a la mente del consumidor. El principal consejo para tener éxito en esta misión, es entender que se trata de una estrategia de largo plazo y que necesita ser reforzada constantemente. Si te dijera que las marcas más exitosas son aquellas que tienen más cosas en común con la religión ¿me creerías? La conexión entre imagen y símbolo con una consciencia universal siempre nos ha acompañado. No obstante, la necesidad de emplear imágenes para conectar con un significado nos lleva a centrar la atención en los libros de las religiones monoteístas, dando el caso del cristianismo, que en un ejemplo, la marca-símbolo está presente en el Génesis que, en su capítulo cuarto, narra cómo después de que Caín diera muerte a Abel, Dios le maldijo a vagar eternamente sobre la Tierra y Caín se atemorizó con la idea de que cualquiera que lo encontrara, lo mataría. Entonces Dios le dijo: "No será así; si alguien mata a Caín, será vengado siete veces. Y Dios puso una marca en Caín para que quien quiera que se encontrase con él no lo matara. Y Caín salió de la presencia del Señor y habitó en la tierra de Nod, al oriente de Edén". Posiblemente, estemos ante la narración del primer tatuaje de la historia, pero más importante, la "primer" marca y su significado, que quedan patentes en este pasaje de la Biblia al igual que en otras religiones, ya que todas han necesitado apoyarse en imágenes con una importante carga simbólica para asegurar su existencia.

El hombre como animal simbólico debe de tener "un pie en el presente y otro en el futuro", debe de vivir en dos mundos, "uno sensible y de sentidos y otro inteligible y alcanzable". Este vínculo emocional permite a las marcas articular estrategias coherentes y notables, pero para construirlas es necesario tener antes una personalidad que facilite una relación de igual a igual, no de empresa a persona. Ahora bien, conectar las audiencias tiene múltiples técnicas que pueden ser aplicadas, entre ellas, encontramos a los sentimientos. El nivel anímico es un factor fundamental para lograr un óptimo posicionamiento en la mente del consumidor para crear permanencia e impulsarlo a realizar acciones. Martin Lindstrom[7] asemeja a las marcas con características de una religión en donde el hombre como animal racional necesita pertenecer a un grupo social, reúne a personas con una misión semejante dando un sentido de pertenencia. Y es que los productos y las marcas evocan ciertos sentimientos y asociaciones dependiendo de su apariencia, tacto, gusto, sonido o aroma. Estas prácticas las podemos ver a día de hoy en las tarjetas de fidelización en las que vas sumando puntos y cuando llegas a un número determinado, subes de categoría social, pasando de la tarjeta Silver a la Gold, teniendo más privilegios y sintiéndote más especial. Cada vez más las marcas se esfuerzan por asociar sus productos haciendo de la compra una experiencia y de los productos sus símbolos. Lo que nos lleva a Carl Gustav Jung, discípulo avanzado y colaborador de Sigmund Freud. Jung fue el creador de una de las teorías que hoy se utilizan para dotar de contenido a las marcas y segmentar los mercados. La Teoría de los Arquetipos; Arquetipos Junguianos. Independientemente de la cultura y el contexto, los individuos somos propensos a tener el mismo tipo de debilidades, miedos y aspiraciones.

---

7   Martin Lindstrom. Buyology: Truth and Lies About Why We Buy. Currency; Broadway Books. Reprint Edition. February 2, 2010 - 272 Páginas.

Jung demostró que todos los seres humanos tenemos deseos básicos, primitivos y, sobre todo, instintivos. Por ejemplo el vínculo entre el trébol y la buena suerte. Este símbolo de fortuna es inherente a todas las culturas y a todos los tiempos porque es concebido como una anomalía de la naturaleza entendida como un regalo. "Lo normal es tener tres hojas pero la naturaleza me ha regalado un trébol con cuatro." Este tipo de asociaciones instintivas también suceden con colores, formas y olores. En otras palabras, dotar de personalidad a las marcas, con atributos, con vínculos emocionales que vayan más allá de lo meramente económico y aportarles un valor afectivo.

La neurociencia ha venido a corroborar lo que ya se sabía: aquellas personas que se sienten fanáticas de determinadas marcas son abordadas por las mismas emociones frente a sus productos que los creyentes ante sus dioses.

Hoy, en el siglo XXI y el tercer milenio, las marcas aspiran a convertirse en una experiencia en la vida de los consumidores. Si juegas a vender desde argumentos racionales siempre correrás riesgo, lo que hay detrás son sentimientos. Una marca no es su producto sino de qué es lo que consigue hacer sentir al mundo. Apple es estatus, Nike es el espíritu de la superación. Coca-Cola no es un refresco, es felicidad. Sentimiento. Valores. Intangibles. Las personas lucimos logos y símbolos por lo que nos hacen sentir cuando los exponemos al mundo. Porque nos definen. Porque gritan quiénes somos. Nos reafirman frente a la masa.

Y aunque muchos han entendido que esto ya no es de conseguir clientes sino de construir audiencias, es mucho más relevante asimilar el siguiente nivel: más que una audiencia, se debe congregar una feligresía. Devotos que se conviertan en células representativas de tu producto, que difundan y abanderen tu mensaje.

En este contexto, los arquetipos de Jung son una herramienta esencial para la construcción de marcas emocionales que tienen un origen ancestral y que no es una moda de hace un par de años. Son algo que siempre ha estado ahí. Conociendo lo anterior, lograremos conectar con esos deseos instintivos que nos permitirán ser más memorables, entendiendo la historia del branding, podremos comprender el presente y proyectarnos al futuro con lecciones aprendidas y retos por lograr. El reto: convertir tu marca en un sentimiento.

DEFINICIÓN DE BRANDING

No debemos sorprendernos si al preguntar a algunos directivos de grandes empresas qué es el branding, encontramos respuestas tales como: "todo lo que tiene que ver con el logotipo y la imagen de marca". Dichas respuestas no son del todo incorrectas, aunque si incompletas. Estas respuestas ponen de manifiesto la falta de comprensión del concepto de branding. El branding no es una estrategia o un proceso. El branding es un enfoque de trabajo y una filosofía a la que todos los elementos de un producto, servicio o empresa deben de atarse.

El branding es el proceso de definición y construcción de una marca mediante la gestión planificada de todos los procesos gráficos, comunicacionales y de posicionamiento que se llevan a cabo. Es la gestión global de todos los elementos tangibles e intangibles que rodean a la marca con el fin de construir y transmitir una promesa que será clave. Entre éstos se incluyen la imagen corporativa, los colores empresariales, la identidad corporativa y las normas de estilo empleadas en la comunicación general de la empresa. Por tanto, el branding se refiere al proceso de construcción, crecimiento, maduración y gestión de una marca.

Todas estas acciones influyen y determinan la

personalidad de la marca, logrando su carácter distintivo, relevante y sostenible en el tiempo. El objetivo de desarrollar un branding acertado será entender la marca en el mercado, posicionarla como un referente y ubicarla en la mente de los consumidores de forma directa o indirecta.

Aportando una definición más estandarizada, la World Intellectual Property Organization (WIPO)[8] entiende que el branding es "gestión inteligente, estratégica y creativa de todos aquellos elementos diferenciadores de la identidad de una marca tangibles o intangibles y que contribuyen a la construcción de una promesa y de una experiencia de marca distintiva, relevante, completa y sostenible en el tiempo". El branding no es un servicio que ofrecer, el branding es un enfoque y una metodología de trabajo que pone a la marca en el centro de todas las actuaciones. Para entender profundamente qué es el branding, es necesario comprender qué importancia y significado tienen las marcas en esta disciplina.

La marca es lo que nos distingue de la competencia. Se sabe, que la marca es algo más que un simple nombre,

---

8   Global Brand Database. World Intellectual Property Organization. https://www.wipo.int/portal/en/

es el sello, un símbolo identificativo y el espíritu de la empresa. A través de la marca, los usuarios perciben una imagen válida en términos de calidad, fiabilidad y unicidad.

En la actualidad, la competencia entre las empresas es cada vez mayor, los productos son cada vez más similares y es necesario que la empresa sepa diferenciarse en un mercado de competencia perfecta. Es así, que la clave de los negocios está totalmente ligada al branding, es decir, en el poder de la marca como elemento diferenciador. Esa diferencia se ve reflejada en la parte intangible de la empresa que es su valor, credibilidad y singularidad. La marca de una empresa cuenta una historia, una experiencia por parte del cliente, que acaba por transmitir una emoción. El branding se ha consolidado como un elemento necesario para cualquier empresa, ya que es una manera para consolidar la marca, y conseguir prestigio y reconocimiento, especialmente en las plataformas de comunicación digital. El posicionamiento es la manera que tiene el consumidor de definir los atributos importantes de un producto o servicio; es decir, consiste en el lugar que ocupa el producto en la mente del consumidor respecto de los productos de la competencia. Teniendo en cuenta la gran variedad de la oferta en el mercado se hace necesario una forma de diferenciación para disminuir el tiempo que el cliente necesita para realizar su compra.[9] El objetivo básico del posicionamiento es la diferenciación estratégica. Lo que no es diferenciado, no es identificado. Sin embargo, la diferenciación no garantiza nunca una ventaja estratégica, a no ser que el elemento diferenciador sea de significativa importancia para el público.[10] Las marcas deben tener objetivos claros y precisos con la finalidad de conseguir una diferenciación respecto de su competencia potencial.

Para lograr el posicionamiento una organización necesita contar con una imagen o marca que sea única y distintiva que genere valor a la empresa y que se mantenga presente en la mente del consumidor como una marca líder.[11]

---

9   Torres, Y., & Garcia, G. (2013). Posicionamiento: Un lugar en la mente del consumidor de los servicios educativos. s.c., España: Editorial Académica Española. Obtenido de: https://books.google.com.pe/books?id=cECTmwEACAAJ&dq=POSICIONAMIEN-TO&hl=es-419&sa=X&ved=0ahUKEwi5i_SDhq3MAhXBlR4KHSJYA1c4MhDoAQgz-MAQ

10   Homs, R. (2013). Marketing para el liderazgo político y social. Autoridad y poder, cómo obtenerlos y retenerlos. s.c., Mexico: Penguin Random House Grupo Editorial. Obtenido de https://books.google.com.pe/books?id=ADCewdkcc00C&dq=POSICIONAMIENT O&source=-gbs_navlinks_s

11   Gonzales, C., & Cébria, I. (2 de Febrero de 2014). El Co-Branding como estrategia de imagen de marca y su repercusión en los blogs. España. Obtenido de http://www.foro2014.com/wp-content/uploads/2014/02/2.-Gonz%C3%A1lez- O%C3%B1ate-Cebri%C3%A0-Zapata.pdf

El branding incluye 4 funciones básicas:

1. Gestión estratégica de la marca,
2. Conocimiento del consumidor y del mercado,
3. Comunicaciones y,
4. Diseño.

Está compuesto por cinco elementos:

1. Naming (creación de un nombre),
2. Identidad corporativa,
3. Posicionamiento,
4. Lealtad de marca y,
5. Arquitectura de marca.

En un mercado que crece día a día, ofreciendo productos y servicios cada vez más accesibles al bolsillo de los consumidores, resulta difícil presentarse con una propuesta fresca y, a su vez, rentable. Estamos atravesando un momento de la historia del entretenimiento y las comunicaciones en el cual la innovación parece estar mal vista; existe la sensación de que todos los consumidores quieren lo mismo y que desean pagar lo menos posible por ello.

Construir una marca, sea desde cero o a modo de renovación de su imagen, en una industria que condena a los visionarios, es ciertamente una tarea que cada vez menos personas se atreven a asumir. La identidad de un producto, servicio o persona es el aspecto fundamental de su existencia, dado que brinda la posibilidad de distinguirse claramente de los demás. La pregunta que surge, entonces, ¿han cambiado los principios básicos del proceso de branding, su evolución desde los tiempos ancestrales a la era digital? Una era en que los avances tecnológicos han influido, prácticamente, en todos los niveles de nuestra vida diaria.

Sumergidos en la era del metaverso, marcada por la evolución y la transformación constantes, es necesario contemplar nuevos canales y nuevos puntos de contacto, una realidad que se está transformando cada vez más en virtual donde las máquinas y los algoritmos son los motores de decisión sobre nuestras preferencias. Todo esto, representa una gran oportunidad para aquellas empresas que sepan que el branding es un proceso exhaustivo y altamente complejo, pero que tengan la disposición de adaptarse pasando de sistemas estáticos a dinámicos, conectando con sus clientes a lo largo de distintas experiencias y ecosistemas, estando conscientes de que es una realidad disruptiva y la disrupción es ahora un estado permanente para las marcas, donde el cliente tiene todo el poder. Ya no están "tan indefensos" como antes y ahora se ven "más fuertes que nunca". El consumidor está más interconectado, más informado, ahora es vital ganar el "ZMOT" o Momento Cero de la Verdad, ya que, como decía Philip Kotler[12], la mejor publicidad es la que hacen los clientes satisfechos y, por tanto, es más exigente que nunca con las marcas. Asimismo, la continua desaparición de la clase media y la sensibilidad social y medioambiental, lo están haciendo mucho más solidario de lo que era ante los problemas existentes. Del mismo modo, el consumidor actual es más selectivo que nunca. El motivo es que están expuestos a diario a miles de impactos publicitarios que nos saturan de forma intrusiva fenómeno conocido como "infoxicación"[13] y el consumidor ya no quiere esto. El consumidor siempre ha sabido que es el rey,

---

12   Philip Kotler (Chicago Illinois, 27 de mayo de 1931) es un economista estadounidense especialista en mercadeo, titular distinguido, desde 1988 de la cátedra de Marketing Internacional S.C. Johnson & Son en la *J.L. Kellogg Graduate School of Management*, En la Universidad Northwestern, Illinois, seis veces considerada por Business Week la mejor facultad en temas empresariales de los Estados Unidos.

13   Se denomina sobrecarga informativa, infoxicación, infobesidad o síndrome de sobrecarga informativa, a un concepto generalmente usado en conjunto con varias formas de comunicación por computadora tales como el correo electrónico, mensajería instantánea y redes sociales.

pero ahora quiere sentirlo de verdad. Quiere sentirse importante. Quiere saber que puede contar con la marca cuando lo necesite, es decir, cuando quiera una solución rápida. Quiere marcas "más humanas". En un mercado cada vez más competitivo, el branding es un enfoque de trabajo y una filosofía de construcción con una promesa y experiencia hacia el consumidor, es un esfuerzo continuo para lograr que el usuario sienta que la marca forma parte de él mismo. Y a su vez, genera la necesidad de pertenecer a ella.

EVOLUCIÓN DEL BRANDING

La revolución digital ha permitido que sea más fácil que nunca encontrar información de todo tipo, sobre todo de marcas, compañías, productos y servicios, compartiendo experiencias y puntos de vista con cualquier otro usuario digital, en cualquier lugar del mundo. Dicha digitalización, cambia los procesos en los que el usuario actual compra, incluso cambia las formas en las que las empresas, compañías o marcas deben de pensar y actuar. Por ello, hoy en día, comprender el rol del potencial de la marca y sobre todo el concepto de branding y su evolución, es más importante que nunca, y no debería diluirse pensando que con una buena campaña de marketing en redes sociales se crea valor a la marca.

Wolff Olins, la consultora de marca[14] más conocida actualmente por sus desarrollos de branding, entre ellos los de Google, TikTok, Uber, etc., nos menciona lo siguiente: "El branding en la era digital sigue requiriendo de los principios básicos de la gestión de marcas, no se trata tanto de conseguir que las marcas conecten digitalmente, sino de lograr que los clientes conecten con las marcas cuando realmente

---

14   Wolff Olins es una consultora de marca, con sede en Londres, Nueva York y San Francisco. Fundada en 1965, ahora emplea a 150 diseñadores, estrategas, tecnólogos, gerentes de programas y educadores, y ha sido parte del Grupo Omnicom desde 2001. https://www.wolffolins.com/about/

les interese". Cualquier negocio tiene una marca, tanto si forma parte de una estrategia como si no ha sido planificada. La cuestión más crítica es en qué medida contribuye al éxito del negocio. El branding se ha convertido en uno de esos tópicos de los que muchos hablan, aunque muy pocos entienden. No importa lo grande que sea tu negocio, no importa el segmento en el que actúes, puedes estar seguro, eres una marca y si no la gestionas adecuadamente tienes un problema.

Empecemos con lo básico; en el año 1660, el término anglosajón "brand" proviene de otro término del nórdico antiguo "brandr". Comienza a usarse como "quemar" en la acción de realizar una marca con fuego, para demostrar la pertenencia, propiedad y posesión del mismo.[15] Para 1827, la palabra "brand" se utiliza como la marca registrada, lo que ahora conocemos como "trademark" que en su momento servía para demostrar la calidad y origen de cada producto, sus atributos físicos y funcionales y, por tanto, justificar ese valor para poder vender a un mayor precio.[16] Durante el siglo XIX, las empresas ahora se enfocan en registrar las marcas, la marca se vuelve una propiedad, una

---

15 Gaitán, Ricardo: "Branding" para primíparos. http://logotrend.blogspot.com/2007/10/brandingpara-primparos-por-ricardo.html

16 Angel: Historia del Branding. https://pcweb.info/historia-del-branding/

protección a través de la Ley de Registro de Marcas y comienza la competencia por ser los únicos. La marca no es algo que las empresas hacen, ahora es algo que se puede poseer. Los productos y servicios comienzan a asociarse a percepciones, ideas, promesas, beneficios emocionales, deseos, valores e incluso placeres que las marcas poseen y ofrecen. El trabajo de los publicistas, mercadólogos, relaciones públicas y diseñadores se basa en crear propuestas de valor y posicionamientos que permitan la asociación entre una marca y su significado en la mente de la audiencia.

Evolucionamos del primer significado que sólo refería al diseño (símbolo y signo) al momento en que se entiende el branding y la marca como un conglomerado de emociones, experiencias y significados que tienen lugar en la mente de las personas. Esta evolución pone de manifiesto que el branding se encarga de la construcción y gestión estratégica de este conglomerado.

La gestión de branding tradicional en muchas empresas está centrada únicamente en la correcta aplicación del también tradicional manual de identidad de marca (definido por diversas identidades que la integran -

la visual, verbal, etc.- y expresada en sus diferentes elementos; logotipo, isotipo, símbolos, eslogan, iconos, empaque, punto de venta, merchandising, entre otros), cuidando de los aspectos más palpables como el logo, la letra, el color, para su comunicación y publicidad, es decir, los aspectos tácticos y operativos que dependen de los temas estratégicos de branding de los que pocas veces se habla. Dada la alta competitividad del mercado en todas las categorías de productos y servicios; la pobre diferenciación entre las marcas y la deficiente incorporación de valores en las mismas; la evolución del consumidor altamente informado e hipercomunicado; los grandes avances tecnológicos evidentes en todos los sectores e industrias y las recientes tendencias, el branding es uno de los conceptos que deberá madurar en los próximos años de acuerdo a las nuevas exigencias de las marcas. En la natural evolución de su rol, se proyecta como el aliado clave de toda empresa, producto, servicio, organización o persona que busque gestionar su marca con éxito en un mercado que evoluciona.

Así como sabemos que la publicidad, sola, no vende, branding solo, no puede entregar esa promesa de marca, sin la participación comprometida y activa de las personas y todas las áreas que integran la empresa, que intervienen en la fabricación del producto, servicio, su presentación, comunicación, marketing, responsabilidad social, venta, envío, entrega, instalación, consumo y/o uso, entre otros.

Debe haber un compromiso más allá del empaque, envoltura, servicio, carta, mensaje vía email, texto, chat, punto de venta, exhibición, delivery, la atención, las respuestas telefónicas y en línea. Su accionar hoy debe ser transversal, a todo nivel de la organización, poniendo al servicio de la marca, toda su potencia, dejando su sello y huella en cada acción e interacción, internamente en la empresa y externamente en los diversos canales de distribución, medios de comunicación y publicidad, tradicionales, digitales y en redes sociales.

El branding hoy debe crear mejores y mayores puntos de contacto y apropiarse de esas oportunidades que le permitan a la marca, esparcir e impregnar su esencia, creando "momentos de marca", para sus clientes. Ha pasado de ser un perfecto desconocido a ese conocido que nos encontramos constantemente en la calle, pero del que tenemos solamente una idea vaga de quién es, qué hace o cuántos hijos tiene. En la actual era de la comunicación resulta muy difícil lograr captar la atención de la audiencia. Hoy estamos expuestos a cientos de blogs, tweets y likes a leer. Y del mismo modo ocurre con el concepto de branding, sobre todo cuando explotó.

En la actualidad las empresas, agencias de diseño, agencias de publicidad, consultoras, estudios, etc.. dicen ofrecer servicios de branding. Sea por conocimiento o por capacidad, la inmensa mayoría ofrecen cualquier cosa menos branding, eso sí relacionado con el enorme atractivo que suponen las marcas. Uno de los primeros retos a los que nos enfrentamos fue la propia definición de este atractivo término anglófono. ¿Qué es Branding?, después de muchas vueltas llegamos a una definición que por sí sola ya hace intuir lo complejo de nuestra profesión y pasión.

"Branding es la gestión inteligente, estratégica y creativa de todos aquellos elementos diferenciadores de la identidad de una marca tangibles o intangibles y que contribuyen a la construcción de una promesa y de una experiencia de marca distintiva, relevante, completa y sostenible en el tiempo".[17]

Está claro que con un término como este, y ante la ausencia total de la enseñanza de esta disciplina en universidades, escuelas, instituciones o centros de negocios, debemos aportar nuestro grano de arena a esta misión pedagógica, con el objetivo de que todos podamos comprender mejor a las marcas.

En este contexto, no se debe dejar que las cosas ocurran por accidente. El branding es un proceso estructurado, en el que intervienen un conjunto de factores que deben interactuar en plena armonía. Entre ellos se conjugan perfectamente un por qué, un cómo y un qué.

El propósito de la marca es el «por qué» de una empresa: su razón de ser y las cosas que representa. Este "por qué" generalmente tiene que ver con los clientes a los que sirve y el nicho de mercado que busca llenar. El "por qué" es el inicio de todo, en él se encuentra la misma razón de ser del negocio a través de la marca. ¿Por qué debería importar a alguien?,

---

[17] AEBRAND (Asociación Española de Empresas de Branding), https://www.aebrand.org/

¿Por qué está en este mundo?, ¿Por qué existe la marca?.

Pero, ¿qué es el propósito de marca? ¿Y cómo pueden aprovecharlo las marcas en el mercado moderno?. De qué manera se dirige a la gente, cómo se comporta, cómo son las relaciones que construye. En el cómo se edifica una cultura propia, un conjunto de creencias que serán compartidas por todos los que forman parte de la empresa y por aquellos a los que les importa. De ella se derivan una serie de comportamientos que construyen relaciones hacia el interior y hacia el exterior. De esta base parten todos los mensajes y actos que la marca emite y es, por ello, una pieza fundamental para evitar la pérdida de reconocimiento de la esencia de la marca. El «cómo» refleja dicho propósito de una marca, puede ser un reflejo de las vidas y experiencias de los fundadores, su percepción de una brecha en el mercado o la necesidad de cambio y disrupción dentro de un sector del mercado.

Ya que entendemos el propósito de la marca, nos preguntamos: ¿es lo mismo que la promesa de la marca? Realmente no. Una promesa le da al cliente una indicación de qué esperar, por ejemplo: commodities de bajo precio. Mientras que el propósito de la marca es la razón por la que existe la marca, la promesa de la marca suela estar más enfocada en el producto o servicio real que se ofrece. El propósito de la marca y la promesa de la marca no necesitan estar relacionados.

Finalmente, y por este orden, se encuentra el qué. La oferta de lo que la empresa ofrece, tanto si se trata de productos como si son servicios. Es quizás la parte menos relevante, aunque necesaria para cerrar el triángulo y que debería surgir cómo respuesta a las preguntas anteriores, pero no en sentido inverso.

El propósito de marca tampoco es nuestra misión, visión o valores. Obviamente, están relacionados; cada uno se basa en el otro; sin embargo, estos elementos son los componentes básicos de nuestra marca. Pensemos en el propósito como nuestro cimiento.

Definir el propósito de nuestra marca debe ser el primer paso que tomemos, incluso antes de que se elaboren la misión, la visión y los valores. El propósito de marca debe usarse para definir no solo estas cosas, sino todo lo que nuestra compañía hará en el futuro, desde la contratación de talento hasta el marketing.

Conocer el propósito de nuestra marca también nos permite comprender cómo podemos adaptarnos a las necesidades de nuestro mercado meta a medida que cambia y evoluciona.

Queda claro que el branding no es algo que tenga una visión cortoplacista, más bien al contrario, no consigue resultados a corto plazo, pero es necesario para alcanzar el éxito a largo.

Para ampliar el tema debemos de saber que un poderoso diferenciador será el propósito de marca, que abarca estos tres puntos base del branding. Los consumidores conscientes están cambiando la forma en que funciona el mercado. Cada vez más ellos ven el propósito de la marca como un factor importante cuando deciden comprar un producto o servicio. De hecho, el Earned Brand Study[18] de 2017 realizado por Edelman[19] encontró que el 50 % de los consumidores en todo el mundo se consideran compradores impulsados por creencias y el 67 % compró una marca por primera vez porque estaba de acuerdo con su postura sobre

---

18   Edelman. Earned Brand Study 2017 Beyond No Brand 's Land. Junio 12, 2017.

19   Edelman es una firma estadounidense de consultoría de marketing y relaciones públicas, fundada en 1952 por Daniel Edelman y que lleva su nombre. Actualmente está dirigido por su hijo Richard Edelman. A partir de 2018, es la firma de relaciones públicas más grande del mundo por ingresos y con 6.000 empleados.

un tema controvertido. Esto significa que un propósito de marca poderoso puede diferenciar a una empresa de la multitud.

Hay tres beneficios principales que provienen del propósito de la marca:

1. Agrega valor a la vida de los clientes y la sociedad.
2. Distingue la marca de la competencia.
3. Proporciona clarificación y una fuerte cultura corporativa.

Un estudio de Harvard Business Review[20] afirma que definir y mantener un propósito de marca significativo puede afectar positivamente todas estas áreas de nuestro negocio:

- Inspirar la innovación, la creatividad y el cambio.
- Crear más valor para el cliente.
- Aumentar la lealtad y las referencias de los clientes.

---

20   Sally Blount and Paul Leinwand. Why Are We Here? Harvard Business Review, November-December 2019.

- Proporcionar a los colaboradores un sentido de significado y realización.
- Atraer el talento adecuado para nuestro equipo.
- Tener un impacto en la sociedad o en nuestra comunidad.

Según Dan Salva, experto en branding y autor de Big Audacious Meaning[21], hay tres preguntas clave que debemos hacernos al definir el propósito de nuestra marca:

1. ¿En qué somos mejores?
2. ¿Qué nos apasiona?
3. ¿Qué diferencia podemos hacer?

En su muy popular TED Talk[22], Simon Sinek[23] explica claramente por qué es tan importante que las marcas tengan un propósito y definirlo en tres círculos llamado "El Círculo Dorado":

---

21   Salva, Dan. Big Audacious Meaning. Unleashing Your Purpose-Driven. Dic 10, 2018. https://www.amazon.com/Dan-Salva/e/B07L8T1WND

22   TED Conferences, LLC es una organización de medios estadounidense-canadiense sin fines de lucro que publica charlas internacionales en línea para su distribución gratuita bajo el lema "ideas que vale la pena difundir".

23   Simon Sinek. How Great Leaders Inspire Action. Ted Talk, 4 Marzo 2014.

THE GOLDEN CIRCLE

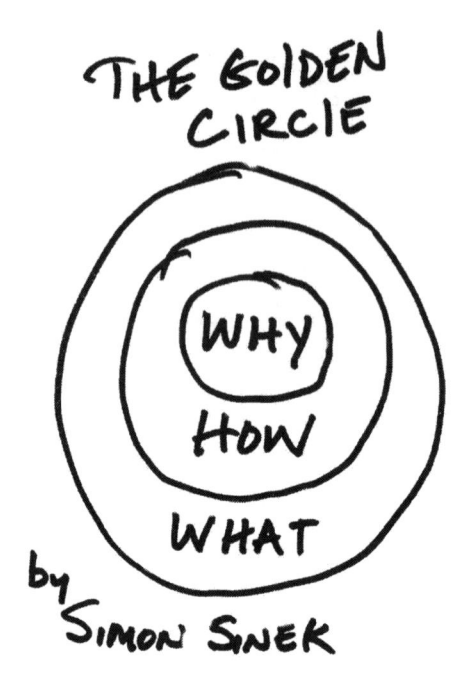

WHY
HOW
WHAT

by SIMON SINEK

1. El círculo exterior consiste en el QUÉ: aquellas cosas qué hace tu empresa.
2. El círculo del medio es el CÓMO: la manera de hacer las cosas.
3. En el círculo del centro, se encuentra el POR QUÉ de tu empresa: el motivo de tu CÓMO y QUÉ.

Sinek esencialmente dice:

1. Todos los negocios saben QUÉ hacen.
2. Algunos saben CÓMO lo hacen: su valor.
3. Muy pocos saben POR QUÉ hacen lo que hacen.

Pero, es este núcleo del «por qué» lo que atrae a la audiencia con emoción en función de lo que ésta cree y defiende. Las marcas con un claro propósito crecen más rápido. Los clientes no compran lo que haces, ni cómo lo haces, compran la razón por la que lo haces. Es decir, se identifican emocionalmente con esa razón y te compran. Dicho en otras palabras, si vendes productos tus posibilidades de éxito son limitadas o de corto plazo, si vendes beneficios tus proyecciones mejoran, pero si vendes por qué lo haces, tienes un futuro prometedor.

Algunos ejemplos claros de esta evolución del branding para centrarnos en el propósito de por qué se hace son ya conocidos:

- Apple: Llevar la mejor experiencia de usuario a sus clientes a través de su innovador hardware,

software y servicios.
- Nike: Llevar inspiración e innovación a todos los atletas del mundo. Si tienes un cuerpo, eres un atleta.
- Starbucks: Inspirar y nutrir el espíritu humano: una persona, una taza y un vecindario a la vez.
- Google: Organizar la información del mundo y hacerla universalmente accesible y útil.
- Coca-Cola: Refrescar al mundo para inspirar momentos de optimismo y felicidad.
- Walmart: Ahorrar dinero a las personas para que puedan vivir mejor.

Un gran propósito necesita ser seguido por un compromiso sostenible, auténtico y de largo plazo de la marca para lograrlo. Esto garantizará un impacto notable en el negocio.

OBJETIVOS DEL BRANDING

El branding son acciones alineadas al posicionamiento, propósito y valores de una marca. Su objetivo es despertar sensaciones y crear conexiones conscientes e inconscientes, que serán cruciales para que el cliente elija tu marca en el momento de decisión de compra.

En otras palabras, el objetivo del branding es conquistar no solo la mente del consumidor, sino también su corazón. Piensa por 1 minuto en una marca. Además de pensar en su nombre, colores, letras, formas y sonidos ¿has pensado en las sensaciones y recuerdos que produce? Esa es exactamente la función del branding: despertar sensaciones y crear conexiones conscientes e inconscientes, que serán cruciales para que el cliente elija tu marca en el momento de compra. Todas las acciones que hace la marca, desde la creación de logotipo, elección del diseño, tipografía, discurso y música, por mencionar algunos, son parte de la construcción de la personalidad de la marca en la mente del cliente a través de percepciones y sentimientos.

Estas prácticas promueven no sólo el producto, sino también la creación de valor del mismo. Es más que solamente producto, es quién es la marca en su esencia. Es la creación de significado a través de símbolos.

Tener personalidad y un propósito, identificarse con las personas, con sus historias, con sus causas y promover experiencias positivas son las claves para la recomendación de marca, lo que hoy es una de las herramientas más poderosas para la adquisición de nuevos clientes.

En este punto trataremos de identificar los objetivos reales del branding, los cuales son:

1. Definir la propuesta única de valor o ventaja competitiva.
2. Diseñar la plataforma de marca, que será el soporte estratégico que ampare las actuaciones de la empresa.
3. Diseñar una estrategia de marca competitiva, orientada al mercado y en línea con la estrategia de marketing y de negocio.
4. Posicionar la marca en el mapa competitivo.
5. Establecer una línea de comunicación que responda a la plataforma de marca.
6. Alinear a todos los integrantes de la empresa

bajo el paraguas de la marca.
7. Responder, con coherencia, a todos los grupos de interés en todos los puntos de contacto.
8. Dotar a la marca de atributos, valores y significados únicos.
9. Configurar la personalidad de la marca.
10. Aumentar el valor de la compañía para los accionistas, consumidores, sociedad y otros grupos.
11. Desarrollar la dimensión emocional de la empresa.
12. Construir un entorno rentable, diferenciador y único que apoye y empuje la actividad empresarial.

Estos son los objetivos más prioritarios que el branding trata de alcanzar. Ahora bien, debemos entender que los objetivos son variables y se ajustan en función a las necesidades de la marca, por lo que antes de establecer cualquier objetivo se debe realizar un análisis de la situación actual y en función a ello se pueden establecer algunos de los objetivos principales que veremos a continuación:

1. POSICIONAR LA MARCA EN EL TOP OF MIND

¿Qué es el TOP OF MIND (TOM)? Lo había comentado anteriormente; es estar presente en la mente del consumidor. Lo entenderemos con una pregunta sencilla, ¿Puedes mencionar 3 marcas de cervezas?

Esto es muy fácil, la primera marca que has pensado es la marca que ha logrado ubicarse en la posición más alta en tu mente; automáticamente y de manera inconsciente es la primera que piensas cuando se trata de cervezas, y puede que también sea la primera opción de compra que tengas.

Todas las marcas buscan ubicarse en esta posición por una razón muy sencilla, al ser las primeras puede que las recomiendes antes que a cualquier otra, compres y consumas, y además les otorga VALOR, y cabe recordar que el valor es un factor MUY IMPORTANTE para las marcas y que lo otorgan los consumidores.

¿Cómo ubicarse en el TOM? Esto puede que lleve tiempo al principio, lo más importante es que el público se sienta identificado con la marca y esto se logrará a través de las conexiones que se generen, la comunicación, el mismo producto ofrecido. ¿Qué hace diferente a tu marca? ¿Qué ofreces tú que no ofrezcan los demás? ¿Qué haces para recordarles que estás ahí? Ubicarse en el TOM implica una fuerte recordación constante de la marca, tanto en publicidad, medios sociales y puntos de venta físicos o virtuales.

2. GENERAR CONEXIONES Y EXPERIENCIAS

¿Qué emociones genera tu marca a los consumidores?

Este punto es algo que se deberá trabajar mucho y es muy importante, muchas marcas no han entendido aún que no se trata de ofrecer un producto, ponerle precio y esperar que lo compren sin más. NO, hoy en día el mercado busca experiencias, emociones, conexiones que los unan con una marca en concreto, buscan sentirse identificados.

Coca-Cola ha sido muy consistente siempre en lo mismo, "Felicidad", y lo deja muy claro en todas sus comunicaciones, tanto en medios digitales como a través de activaciones BTL, su consistencia en esto es muy evidente y se preocupa mucho por generar emociones con su público. Evita que los consumidores tengan que esforzarse por conectar con la marca, despierta emociones en ellos y los hace sentirse identificados con la marca y lo que transmite.

Al despertar emociones en el público se puede explicar también por qué las personas pueden llegar a pagar miles de dólares por un producto, no porque sean necesariamente los mejores, sino porque los hacen sentir parte de un grupo y que tienen mucho más en común que ser simplemente consumidores de un producto.

3. GENERAR LEALTAD

Todas las marcas buscan convertirse en una "LoveBrand", esa marca que no cambiarías por nada, que estás fidelizado con ella porque te gusta quién es, lo que te hace sentir, lo que te ofrece, el que sea diferente, que simplemente te sientes identificado con ella y sin duda, no la cambiarías por otra.

Lograr esto es lo mejor para cualquier marca, ya que al final las marcas valen lo que valen por el número de clientes leales que tienen. Lograr fidelizar al público requiere de tiempo, dedicación y paciencia, entender que lo importante no es sólo vender productos, es tener felices a tus consumidores ofreciéndoles lo mejor, despertando emociones, interactuando frecuentemente, entendiendo sus necesidades y escuchando lo que tienen por decir, tomándolos en cuenta y así conectar y crear una relación de amor entre la marca y su público.

4. HUMANIZAR LA MARCA

Humanizar la marca significa que se ha pasado de ser un vendedor de productos a un transmisor de emociones y experiencias positivas, y esto no quiere decir que sea dirigido solo a los consumidores, si no que debe ser un estado GENERAL, una marca humana a través del trato a sus colaboradores/empleados, clientes y la sociedad en general y existen diferentes formas de humanizar una marca.

Significa ser consciente de muchas cosas, como por ejemplo la contaminación, la explotación laboral, tratar al mercado como personas a las que queremos ofrecerles lo mejor en todos los aspectos y no sólo recibir su dinero, muchas veces no se trata de dinero, se trata de generar cambios y conciencia, de ser humanos.

Un ejemplo es Starbucks, la famosa franquicia se ha destacado por involucrarse en temas ciudadanos desde hace varios años en Estados Unidos, invierte en temas como el apoyo a los derechos de las minorías, el reconocimiento a las personas mayores y otros temas sensibles.

El objetivo principal del branding puede resumirse en POSICIONARSE EN LA MENTE de los consumidores Top Of Mind a través de la generación de experiencias y conexiones únicas que los hacen sentirse identificados con la marca y busca fidelizarlos.

El branding es un proceso bastante complejo, que nace desde la estructuración de una marca y luego persigue objetivos de gran importancia para la compañía entera, cuida y gestiona la marca a través de análisis y estrategias que buscan potenciar la marca, evolucionar en función a los cambios del mercado y hacerla perdurar en el tiempo acompañada de clientes leales.

¿QUÉ ES UNA MARCA?

Una vez más, una marca no es un logo, una marca no es un packaging, una marca no es una campaña de publicidad. Ni siquiera una marca es lo que tú crees que tienes. Una marca es lo que los demás piensan que eres. Una percepción fundamentada sobre cómo te ven, qué sentimientos despiertan en su interior y qué dicen de ti. En tu negocio, nada es más importante que tu marca, porque precisamente es lo que te define y encapsula tu misma esencia.

Las marcas se vienen empleando hace siglos con un mismo propósito, diferenciar un producto de otro pero fueron los artistas plásticos y literarios los pioneros en imprimir su identidad a sus producciones. Los libros, por una parte, y las obras de arte, por la otra, podrían ser considerados como un claro antecedente del surgimiento de las marcas. Tanto los pensadores más destacados como los grandes pintores y escultores renacentistas se vuelven una marca, por la firma que dejan en su obra. A partir de entonces, artistas, pintores, escritores empiezan a firmar sus obras para que sus nombres trascendieran, adquirieran reconocimiento y reputación.

Las marcas están en poder de las personas, entre ellas los clientes, el personal de la empresa y cualquier otro que entre en contacto con ellas. La marca es la percepción que las personas construyen a partir de todos los impactos que éstas generan. Por tanto, debe ser una prioridad construirla, protegerla, crear expectativas interesantes y, sobre todo, satisfacerlas.

Son muchos ya los estudios que demuestran que una marca fuerte es una verdadera ventaja competitiva y una fuente de creación de valor para las empresas. El impacto financiero de una estrategia de marca y una estrategia de negocio convenientemente coordinadas permite un enfoque más holístico sobre los modelos tradicionales de gestión. Tal vez convenga aclarar también que una marca no es branding, que branding no es marketing y tampoco es publicidad. La marca ayuda a que la empresa tenga una imagen corporativa de cierta calidad. La marca hace que al vendedor le resulte más sencilla la tarea de conseguir pedidos y solucionar las posibles reclamaciones. La marca posibilita que la empresa pueda tener clientes fieles y rentables sin que tenga que temer los posibles ataques de la competencia.

En parte, una marca es un conjunto de promesas. Implica confianza, consistencia y un conjunto definido de expectativas. Las marcas más fuertes del mundo tienen un lugar en la mente del consumidor y cuando se habla de ellas casi todo el mundo piensa en las mismas cosas. Una marca diferencia productos y servicios que parecen similares en características, atributos y tal vez hasta beneficios. Una marca es una leyenda. Una marca es un símbolo. Una marca es una forma de botella. Una marca es un personaje. Una marca es un sonido.

TIPOS DE MARCA

Las empresas así como cualquier proyecto en constante evolución deben de tener definido el tipo de marca al que se busca aspirar. Los tipos de marca como elemento distintivo se clasifican según su relación, existen las marcas en relación a su organización y las marcas en relación según su rol en el mercado. Expertos en el tema han hecho diferentes clasificaciones[24], la clasificación en relación de la marca con la organización que la sustenta es la siguiente:

- Marca Única: En algunas organizaciones la marca acompaña a todos los productos. Es la marca única o marca paraguas. Suele ser una estrategia ventajosa ya que todas las acciones comunicacionales repercuten en beneficio de la empresa. Facilita la introducción de nuevos productos y rebaja los costes de distribución. De esta forma todos los productos quedan identificados con la empresa o institución y se consigue una imagen corporativa compacta. Por tanto, se venden muchos productos diferentes pero se emplea la misma marca. Por ejemplo Sony vende una gran variedad de productos pero todos bajo la misma bandera.
- Marca Individual: Cuando una organización

---

24 Bassat, Luis. El libro rojo de las marcas, Ediciones Espasa Calpe, 2006.

ofrece productos muy variados, generalmente recurre a la marca individual. Tal y como su nombre indica, consiste en dar un nombre a cada producto, o a cada gama de productos. El inconveniente es que no se acostumbra a asociar la empresa con cada uno de ellos y es difícil llegar a una imagen global de la organización. El futuro de esta estrategia es incierto ya que, hoy en día, el presupuesto necesario para proteger la gran cantidad de marcas que poseen algunas empresas es difícil de soportar. Sin embargo, algunos tipos de empresas, como por ejemplo los laboratorios farmacéuticos, suelen utilizarla a menudo. Un ejemplo comercial claro es la marca Nestlé, que divide sus marcas individuales en cereales, chocolates, cafés, productos culinarios, etc.

- Marca Mixta: La combinación de marca única y marca individual. Es decir, al igual que las personas, los productos se identificarán mediante nombre y apellido: Ford Ka, 45 Ford Fiesta, Ford Escort, Ford Mondeo. Y muchas veces, nombre y dos apellidos: Ford Fiesta Dragons, Ford Escort Ghia...El gran inconveniente es que cuantas más marcas le ponemos a un producto más le complicamos la vida al consumidor, a la hora de pedirlo. Antes de emprender cualquier acción hay que tener claro qué queremos comunicar.

- Marca de Distribución: Las marcas de distribución son un nuevo factor dentro del concepto actual de marca. Los productos a granel de antaño hoy en día se llaman marcas propias. Cada vez es más frecuente que las grandes cadenas de supermercados o grandes almacenes pongan su nombre a diferentes productos que venden a precios más competitivos.

De acuerdo a su rol en el mercado los tipos de marcas se clasifican de la siguiente forma[25]:

- Marca Madre: Constituyen el punto de referencia de la oferta, suelen representar gamas o familias de determinada identidad. Volviendo a un ejemplo comercial conocido tenemos a Nestlé, que cubre o respalda las posibles marcas múltiples de los productos.
- Submarca: Define una oferta diferenciada modificando las asociaciones de la marca madre en contextos específicos. Por ejemplo, Google es la marca principal que abarca las submarcas

---

25   Aaker, David A. y Joachimsthaler, Erich. Brand Leadership, Simon and Schuster, 2009

de Calendar, Drive, etc. Apple usa este mismo sistema para sus submarcas como: iPhone, iPad, iMac, etc.

- Marca Respaldada: Por coherencia con la definición anterior, se entiende que una marca o submarca está respaldada cuando disfruta del amparo y cobertura de una marca establecida. A diferencia de la submarca, son marcas individuales que se conoce la marca marca y el producto o división tiene una presencia claramente definida en el mercado, el respaldo y la visibilidad, un ejemplo Zara de Grupo Inditex.

- Marca de Beneficio: Son marcas que incorporan un beneficio específico al producto a través de un atributo o componente que sustentan su identidad y la diferencian en el mercado, otorgando una posición de liderazgo que se erige en una ventaja competitiva. Red Bull, es una marca sin duda que no es conocida por su sabor o por su marca madre, es conocida como la marca de bebida energizante por el beneficio que ofrece.

- Comarcas: Es el resultado que se produce cuando marcas de distintas organizaciones o diferentes negocios se unen para crear una oferta en la cual cada una desempeña un papel conductor. Es un intercambio de ganar-ganar en el que cada marca pone lo mejor de sí misma y con ello no solamente se busca obtener nuevos clientes para ambas marcas sino que cada marca pretende captar los clientes de la otra. Un ejemplo de este tipo de cobranding es el sensor de Nike y Apple.

ARQUITECTURA DE MARCA

La arquitectura de marca es un componente crítico de la estrategia de portafolio de marcas que nos ayuda a organizar, estructurar y jerarquizar la identidad de todas las subdivisiones y nuevos servicios que se ofrezcan, desde la expansión internacional, las fusiones y adquisiciones, la diversificación, las extensiones de productos y gamas son factores que influyen directamente en los portafolios de marcas, y todos ellos tienen un impacto directo en los resultados de negocio. Se orienta hacia cómo la compañía puede estructurar y comunicar su portafolio para que sea fácilmente entendido, estableciendo un conjunto de relaciones específicas entre sus distintas marcas. Se configura por la combinación de elementos verbales y visuales que representan cada una de las proposiciones específicas. En otras palabras, es la forma en que una empresa organiza y nombra sus productos para mostrar a los clientes las diferencias y similitudes entre ellos. Internamente define las relaciones entre distintas marcas, productos y servicios. Externamente culmina con el modo en que los clientes organizan esos productos y servicios en su mente.

La arquitectura como "disciplina" es el arte de proyectar, diseñar, construir, modificar y adaptar un entorno a una necesidad concreta, que puede llegar tanto a nivel corporativo, fusiones o adquisiciones, a nivel de segmento como incorporación de nuevas categorías o a nivel de productos. Es importante que se construya una arquitectura de marca para que no exista un crecimiento descontrolado o anormal para cada una de las áreas, así como para establecer estrategias específicas en cada zona, optimizar los costos y presupuestos de cada marca, para analizar y descubrir nuevas oportunidades y muchos más beneficios. El análisis de la arquitectura es importante para asegurar la "higiene" del portafolio de la compañía.

Independientemente del tamaño de la empresa, una arquitectura de marca eficaz:

1. Clarifica el posicionamiento. Nada aumenta la eficacia del posicionamiento de una marca como la simplicidad. Articular claramente el posicionamiento y los mensajes es el primer paso para el desarrollo de la arquitectura.
2. Facilita la segmentación y la conexión con targets específicos. Proporciona mayor comprensión de la oferta y permite segmentar la comunicación a

cada uno de los diferentes públicos objetivo.
3. Reduce significativamente los costes de marketing. La adecuada dimensión evita duplicidades logrando que la gestión de las distintas marcas sea más eficiente. Además, con las oportunidades de promoción cruzada entre marcas, se multiplican los recursos.
4. Facilita el crecimiento. La naturaleza modular de una arquitectura de marca intuitiva facilita la incorporación de marcas, productos o servicios a medida que la empresa crece.
5. Mejora la confianza de los clientes e inversores. Las marcas bien gestionadas y con visión de futuro son una señal tranquilizadora tanto para los inversores como para los empleados y, también, para los clientes.
6. Aporta valor para la marca. El resultado de los beneficios anteriores es el incremento del valor de la marca.

Básicamente, encontramos que existen 4 tipos de arquitectura de marca, aunque luego se multiplican por una amplia variedad de híbridos que pueden adaptarse a las circunstancias únicas de cada empresa:

1. Modelo Monolítico (Brand of the House): El portafolio de marcas se alinea a distintos grupos de identificadores gráficos específicos simbología, tipografía, color y composición, en las que se combina con la identidad original de la marca o servicio principal. Un ejemplo: Google
2. Modelo Endosada (Endorsed Brands): En este sistema existe una marca de una compañía que respalda a las otras identidades, la relación entre ambas es muy estrecha y usualmente se refiere la una con la otra. Este modelo avala la tradición y garantía del producto, aunque oculta la marca individual. Un ejemplo: Marriott
3. Modelo Libre (House of Brands): Al contrario del modelo anterior, este sistema aporta a cada marca una identidad única, con sus propios identificadores, valores y diferentes líneas de negocio a nivel corporativo, incluso las marcas pueden competir entre sí. Un ejemplo: P&G
4. Modelo Mixto (Hybrid Brands): En este modelo se puede combinar la marca original con otras identidades, además de jugar y conjuntar las estrategias de la compañía matriz. Tienen cierta libertad para crear nuevas imágenes, por lo que usualmente responden a intereses independientes, pero también de esfuerzos.

ESTRATEGIA DE ARQUITECTURA DE MARCA

Determinar la arquitectura de marca para una compañía es algo complejo. De inicio requiere contar con amplia información que permita tener en cuenta:

- Identificar el mapa de STAKEHOLDERS, puesto que es probable que tengan distintas necesidades.
- Evaluar cómo aporta valor la marca en la relación corporativa/segmento/producto. Para ello necesitaremos considerar el valor percibido en cada uno de los niveles.
- Determinar las implicaciones económicas que podemos alcanzar. Un sistema monolítico es mucho más eficiente.
- Considerar las implicaciones legales. Algunas estructuras pueden implicar movimientos legales y también impuestos.

Con dicha información podemos iniciar el proceso de desarrollo de la estrategia de arquitectura, estructurado en distintas fases correlativas:

1. AUDITORÍA DE LA ARQUITECTURA DE MARCA

La auditoría es un punto de partida necesario para definir el estado actual de la situación y la tipología de las relaciones entre cada una de las marcas. De partida, conviene centrarse en dos áreas clave: el rendimiento empresarial (visión interna de resultados de negocio) y la estructura de la marca (visión externa de cómo cada marca aporta valor).

2. PRINCIPIOS DE LA ARQUITECTURA DE MARCA

Antes de considerar si un modelo u otro será el enfoque más adecuado, es necesario establecer un conjunto de criterios, específicos para cada caso, que guíen el desarrollo de la estrategia a desarrollar. Este ejercicio proporciona una serie de factores clave que no pueden ser obviados. Existen numerosos factores que pueden influir en la forma en la que se estructura la cartera de marcas de la empresa: desarrollo de mercado, competencia, riesgos, economía de escala, distribución, presupuesto, etc.

3. MARCO Y MODELOS DE LA ARQUITECTURA DE MARCA

Antes de aplicar la arquitectura final, es necesario desarrollar, examinar y revisar múltiples marcos. ¿Qué alternativas existen para determinar la estructura estratégica y relacional de todas las marcas y submarcas del portafolio? Dependiendo del tamaño y la complejidad de la compañía, puede existir un número casi ilimitado de opciones. Los elementos clave que influyen en el diseño de los marcos son:

- Estrategia de marca de la organización
- Número de niveles necesarios en la jerarquía de la arquitectura
- Portafolios de marca globales, regionales y locales: similitudes y diferencias
- Número de sub-marcas
- Número de formatos o extensiones

4. DIRECTRICES DE DENOMINACIÓN DE MARCAS

La arquitectura de NAMING facilita la ordenación de los nombres de todas las marcas de modo que se establezcan las relaciones oportunas entre todas ellas con el fin de aportar claridad y valor. Actúa como un conjunto de principios para la denominación de nuevas marcas o submarcas.

5. ÁRBOL DE DECISIÓN PARA LA ARQUITECTURA DE LA MARCA

Un árbol de decisiones formalizado es una herramienta que elimina las conjeturas de cualquier decisión futura a la que hay que enfrentarse para resolver problemas de marca derivados de adquisiciones, desarrollo interno de productos/marcas, reajustes internos, etc.

6. MIGRACIÓN E IMPLANTACIÓN DE LA ARQUITECTURA DE MARCA

Alcanzar el objetivo partiendo desde la situación actual puede hacer necesario establecer una progresión que disminuya al máximo los riesgos derivados del cambio. Desarrollar una estrategia de migración es la mejor forma para asegurar dicha transición. En este proceso, la divulgación será, también, fundamental para que el nuevo marco de arquitectura sea comprendido con éxito por parte de todos los públicos de interés.

Nunca es tarde en una empresa para reconsiderar cómo debería evolucionar su arquitectura de marcas según haya podido evolucionar el propio negocio. Existen diversas situaciones que impactan en la organización de las marcas:

- Crecimiento orgánico: Los negocios crecen, crean divisiones, unidades de negocio, líneas de producto y cualquier otro elemento que añade complejidad y confusión, tanto interna como externamente.
- Fusiones y adquisiciones: Aumentan las capacidades de negocio a partir de modelos de combinación y adquisición de otras empresas, así como otros activos.
- Segmentación de mercado: Cuando la marca necesita diversificación en nichos concretos que requieren propuestas de valor específicas.
- Expansión internacional: El negocio se desarrolla hacia otras geografías con características de mercado distintas.

Hoy día han emergido nuevas fuerzas que han cambiado el modo en que las personas se conectan con las marcas. Sin duda, la principal es el internet que ha permitido saber mucho más sobre ellas y agilizar los procesos de toma de decisiones y de compra. La gran consecuencia es que las marcas deben comunicar con mayor simplicidad de modo que sus audiencias comprendan mejor cuál es el valor que aportan.

No se trata pues de escoger un modelo u otro, se trata de facilitar la toma de decisiones que van a ayudar a la organización a conseguir sus retos. Algunas de esas decisiones pueden ser sencillas, algunas serán complejas. No existe una solución universal, pero en cualquier caso deben prevalecer los principios de simplicidad y exhaustividad.

PERSONALIDAD DE MARCA

Definir una personalidad de marca significa dotar de características o rasgos humanos a los elementos que identifican a una empresa.

El objetivo es lograr una mayor conexión con el público o mercado meta y diferenciar a la marca de sus competidores, específicamente vinculando su propuesta de valor con emociones, valores y arquetipos psicológicos.

La personalidad de una marca son características emocionales y atributos simbólicos que se asocian a una marca y al comportamiento que esta tiene con su entorno.

El concepto de marca no es solo el nombre con el que se identifica un producto o servicio, sino que representa un aspecto distintivo y único con el que se identifica una empresa en un mercado y se construye su estrategia de diferenciación.

Por otro lado, el concepto de personalidad se define como las características, cualidades y atributos que son estratégicamente elegidos para humanizar y darle vida a la identidad de una marca; y que al mismo tiempo, son elaborados a partir de la opinión de los consumidores.

Son los consumidores quienes acostumbran a proyectar valores, apreciaciones emocionales y rasgos de personalidad a las marcas. Por lo que dichos elementos, van a definir "su forma de ser" y actuar como la base sobre la que se construirá su identidad visual, así como sus parámetros comunicacionales o identidad verbal: voz, tono, rol y línea editorial.

La acción de humanizar a las marcas tiene su origen en el marketing, específicamente en el área especializada en la gestión de marcas o branding, la cual busca enaltecer a las marcas como símbolos que reflejan significados culturales, sociales y emocionales que pueden ser compartidos dentro de grupos de personas.

Es muy común observar cómo la personalidad de marca se confunde con la identidad visual o con otros elementos que forman parte de la construcción de una marca.

Por lo tanto, una personalidad de marca NO es:

- Un isotipo
- Un logotipo
- Un slogan
- Una tipografía
- Una paleta de colores
- Un manual de identidad de marca

Definir la personalidad de tu marca es importante porque te permite:

- Vincularte emocionalmente con tus prospectos y clientes.
- Distinguirte de la competencia.
- Posicionar tu marca en el mercado con una visión clara y segura de tu propuesta de su valor y la ventaja competitiva de tu empresa.
- Guiar correctamente tus estrategias de marketing con los principios de tu marca.
- Estandarizar tu identidad visual y verbal. De esta manera, cualquier persona o agencia de marketing que esté a cargo de tu branding, sabrá hacia dónde orientar las estrategias.
- Orientar correctamente las comunicaciones de

tu empresa en medios digitales e impresos.

En las últimas dos décadas, se han desarrollado diferentes modelos y métodos para definir o estructurar la personalidad de una marca.

Entre ellos, el modelo de las dimensiones de la personalidad de marca, desarrollado por la investigadora de Stanford Jennifer Aaker en 1997[26]. El cual surge a partir de un estudio de consumidores que se realizó en Estados Unidos.

En él, se percibieron 41 rasgos de personalidad de diversas marcas que fueron agrupados en las siguientes 5 dimensiones:

- Competencia.
- Rudeza.
- Excitante.
- Sinceridad.
- Sofisticación.

---

26 Jennifer Aaker. Characterizing brand personality models during the period 1997-2015. https://www.redalyc.org/journal/5608/560863094005/html/

Cada grupo de adjetivos desglosa diferentes personalidades:

- Competencia: Confiable, inteligente y exitoso.
- Rudeza: Abierto y resistente.
- Excitante: Atrevido, animado, imaginativo, actualizado.
- Sinceridad: Práctico, honesto, sano y alegre.
- Sofisticación: Clase superior y encantador.

A pesar que este modelo es una importante referencia al definir la personalidad de una marca, el modelo más común y conocido en la actualidad es el de los arquetipos inspirados en los aportes teóricos de Carl Gustav Jung.

A pesar de que ambos modelos te pueden ayudar a definir la personalidad de tu marca, existen otros elementos que debes considerar previamente:

1. Construye tu historia (storytelling)

Lo primero que debes hacer para establecer la personalidad de tu marca es darle una historia. Un resumen en formato de storytelling, con los siguiente puntos:

- En qué fecha se fundó la marca.
- Quiénes estuvieron detrás del proceso de creación
- Cuáles fueron los motivos, las circunstancias o los factores que la inspiraron a crearla.
- En qué contexto surgió y por qué.
- Cuáles han sido sus transformaciones a lo largo de los años.

2. Establece tu propuesta de valor

La propuesta de valor es una promesa por entregar. Es la principal razón por la que un consumidor o prospecto va a preferir adquirir algún producto o servicio de tu marca y no de tu competencia.

Para definir esta promesa, debemos dejar claro:

- Quién es tu público objetivo y específicamente tu buyer persona (representación ficticia de tu cliente ideal).
- Cómo tu producto o servicio resuelve o mejora una situación o un problema específico.
- Cómo tu producto o servicio satisface una necesidad.
- Cuáles son los beneficios que le ofrecen a tus prospectos y clientes.
- Por qué deberían preferir tu marca o empresa y no otra.

Teniendo estos elementos presentes, podrás definir una personalidad de marca que destaque de tu competencia y conecte con la promesa a entregar.

3. Plasma tu misión y visión

La misión es una declaración escrita en la que describes la razón de ser de tu marca y empresa, así como su objetivo principal.

Entre las preguntas principales que debes responderte al momento de establecer tu misión, se encuentran: ¿quiénes somos?, ¿por qué existimos?, ¿cuál es nuestro propósito?.

Por otro lado, la visión contempla las metas que tu empresa o marca desea conseguir en el futuro: ¿a dónde quiero llegar?, ¿en qué quieres que se convierta mi marca y negocio a largo plazo?.

Ambos elementos inherentes a tu filosofía de gestión, son claves para definir una personalidad de marca que esté a la par con tus ventajas competitivas y con lo que deseas sumar a la propuesta de valor de tu marca en un futuro.

4. Identifica los valores de la marca

Los valores son cualidades por las que un sujeto u objeto es apreciado o considerado. Entre ellos se pueden mencionar: el respeto, la responsabilidad, la perseverancia, la empatía, la tolerancia y la lealtad. Cuando los valores se usan en un entorno empresarial, funcionan para construir una cultura organizacional en la que todas las actividades de la organización se encuentren alineadas con sus valores.

La definición de la personalidad de la marca es una de esas actividades claves en la que la definición de valores juega un papel clave, ya que estos influyen en la forma en la que una marca conceptualiza su filosofía de gestión y a su vez, en la forma en la que los consumidores la perciben.

La función de los valores es unir, inspirar y guiar el comportamiento de la compañía, permitiendo a los empleados y clientes conectarse emocionalmente con la marca. En este sentido, la importancia de la definición de valores reside en que, las personas suelen adquirir productos y/o servicios que pertenezcan a aquellas marcas con las que ellos consideran que comparten los mismos valores o que tienen elementos en común.

Para identificar los valores de tu organización y a su vez de tu marca, pregúntate:

- ¿Qué representamos?
- ¿Qué valoramos más?
- ¿Qué creemos como empresa?
- ¿Qué nos gusta y por qué?

Luego de seleccionar tus valores, debes definirlos muy bien. Ocurre con las marcas como Apple, Nike y 3M destacan como uno de sus valores la "innovación" pero la forma en la que ellos perciben y definen dicho valor, cambia. En el caso de Apple la innovación se relaciona con el diseño y la facilidad de uso mientras que para 3M se traduce al uso de tecnologías ingeniosas y a la creación de soluciones únicas.

5. Caracteriza a tu marca

Una acción importante al definir la personalidad de una marca, es caracterizarla de la misma manera cómo se construye un buyer persona. Esto significa atribuirle atributos humanos como:

- Edad
- Nivel de estudio
- Estado civil
- Gustos
- Intereses
- Hobbies
- Necesidades
- Motivaciones
- Miedos

- Valores

Esto te ayuda a escoger la personalidad que conecte con estos atributos y orientar la identidad verbal de la marca.

6. Escoge la personalidad de tu marca

Luego de consolidar tu historia, público objetivo, propuesta de valor, misión, visión y valores, hay que escoger la dimensión o el arquetipo idóneo para personificar a tu marca.

En el caso del modelo de dimensiones de Jennifer Aaker, selecciona entre 3 a 5 adjetivos que consideras que conectan perfectamente con tu marca cuándo alguien piense en ella. Los adjetivos que elijas se incluirán en una de las 5 dimensiones de personalidad. Por ejemplo, los atrevidos o aventureros entran en la dimensión de "emocionalidad". Los adjetivos "confiable" e "inteligente" entran en la dimensión de competencia. y así sucesivamente.

Se tiene que tomar en cuenta que los adjetivos que elijas no pueden ser contradictorios y deben pertenecer a una misma dimensión. Lo mismo ocurre si te inclinas por usar el modelo de los arquetipos de Jung. Lo ideal es que escojas uno sólo basándote en las características que consideres que definen mejor a tu marca.

ELEMENTOS VISUALES DE LA MARCA

Son las representaciones gráficas de una empresa, que se proyectan al público a través de un símbolo o un diseño tipográfico especial, se pueden clasificar dichos símbolos en diferentes conceptos, entre ellos encontramos los siguientes:

Un logotipo, un símbolo gráfico que identifica visualmente a una marca, producto, proyecto o empresa, para facilitar su reconocimiento, diferenciarse y transmitir información.

Pero quizás no sepas realmente qué son los logotipos, ya que, como he comentado un logotipo no es cualquier dibujo gráfico representativo de una marca, sino que encontramos diferentes tipos de logotipos, o mejor dicho, diferentes elementos que identifican cada proyecto, y no necesariamente tiene por qué ser un logotipo.

La representación visual no se basa solo en un logotipo, ya que este solo está compuesto por las palabras o textos, sino que existen las partes de un logo o elementos que componen la identidad visual de la marca, como es el isotipo (dibujo), imagotipo (símbolo + palabras sin agrupar) y el isologo (símbolo + palabras agrupados).

- Logotipo (palabras), se define como la representación gráfica de las letras o tipografías que componen el nombre principal de la marca. Por ello, un logotipo tan solo serán las palabras o algún elemento legible. Por ejemplo: Google, Kodak, Disney, dichos nombres no están formados por ningún dibujo ni tienen ningún otro elemento gráfico.

- Imagotipo (símbolo + palabras sin agrupar), es el más común, estamos muy acostumbrados a ver un isotipo y un logotipo juntos de tal forma que no sabemos que no se trata de un logotipo sino que se trata de un imagotipo. Se define como la unión que forma el texto de la marca con su símbolo o dibujo, es decir, la unión del logotipo y el isotipo. Es una parte legible con el nombre de la marca y otra parte visual que identifica y transmite información a los usuarios. Ambos elementos pueden separarse para identificar a la empresa, pero lo normal es verlos juntos, algunos ejemplos son: Spotify, Adidas, Converse.

- Isotipo (dibujo o símbolo), es el dibujo que representa gráficamente una marca, es decir, la figura o imagen por la que se identifican los usuarios. El isotipo solo está compuesto por el dibujo, sin nada de texto, por lo que si lo ves, recordarás de qué marca se trata. Muchas empresas han hecho un buen trabajo con el reconocimiento del isotipo de la marca, como es el caso de Apple. Cuando vemos la manzana, todos sabemos de qué marca o empresa se trata. El isotipo es una parte esencial en nuestra imagen corporativa, por ello es imprescindible hacer una investigación previa de ejemplos de isotipos de la competencia o empresas que están utilizándolo de forma muy profesional.

- Isologo (símbolo + palabras agrupados), al igual que en el imagotipo, en el isologo tenemos el nombre y el símbolo agrupado, solo que en este tipo de imagen se forma un elemento que no se puede dividir. Por lo tanto, un isologo se define como la coexistencia o unión de un isotipo y logotipo en un mismo elemento llamado isologo. Los isologos son menos típicos en el mundo del logotipo, pero son una fantástica idea para diferenciarnos de la competencia si lo trabajamos bien. El más conocido de estos es el de Starbucks, también existen otros como el de Burger King, BMW o incluso Harley Davidson Motorcycles.

Aunque existen muchos ejemplos de logotipos, logotipos, isologos e isotipos; existe gran diferencia entre los tipos de imagen personal y los tipos de imagen empresarial. Antes de crear cualquier logotipo que represente a la marca o empresa, debes de pensar cuál es el objetivo con él y quién es el público al que va dirigido, ya que cada proyecto será distinto; lo importante es que sea memorable.

Otro elemento importante a destacar alejándonos de los logotipos, isotipos y logotipos, es la famosa tipografía, un elemento de identificación visual, que distinguirá a la empresa del mercado.

Igualmente la denominación por la que la empresa es reconocida, suele ser diferente el nombre jurídico, tratemos de que tanto el nombre con el que será registrado jurídicamente como el logotipo pueden ser similares.

Finalmente, la elección de colores corporativos es determinante para una marca, porque a través de ellos se transmiten conceptos de fuerza o debilidad. Por esto es de suma importancia que al momento de elegirlos se seleccionen aquellos que perduren en el tiempo y se adecúen con el producto o servicio ofertado.

Los colores, dentro de una marca, representan una de sus características fundamentales, porque ayudan a diferenciar de la competencia y permiten que sea reconocido por el público. Los colores a la hora de la realización de la imagen puede traducirse en el fracaso de una buena idea comercial o en la pérdida de millones de pesos en campañas publicitarias. Lamentablemente, no hay una guía de combinación, esto más bien se determina mediante estrategias, el posicionamiento que se quiera dar al producto y el blanco de público objetivo. Por ejemplo, el azul es muy utilizado en entidades financieras porque transmiten estabilidad y fortaleza, mientras que el amarrillo y el naranja se emplean en artículos que quieran llamar la atención.

Recuerda que el buen uso de los colores permite mostrar un producto más atractivo, estimular las ventas, dar personalidad propia y posicionar la marca dentro de las escalas de valores y segmentación por clases socioeconómicas.

IDENTIDAD DE MARCA E IMAGEN DE MARCA

Son muchas las personas que confunden los términos de identidad de marca e imagen de marca. La identidad de marca es la manera en que una marca se expresa a través de sus puntos de contacto, estos deben expresarse de manera coherente y acorde a su estrategia de marca, y mediante un posicionamiento adecuado.

La identidad de marca es el conjunto de componentes características que conforman una marca, es decir, la papelería, el sitio web, oficinas, empaques, publicidad, comunicación on y off, tiendas, precios, canales de distribución, tono, personalidad, manera de expresarse y muchas otras aplicaciones tangibles e intangibles. Es importante recalcar que la identidad visual es parte de la identidad de marca, la identidad visual es el logotipo de una empresa, su anagrama, su color, su tipografía, y todo aquello que nos ayuda a reconocer y a diferenciar una marca de otra visualmente.

Para que este reconocimiento sea efectivo, es obligatorio el uso de un manual de identidad visual corporativa o brand book donde se recogen las normas de uso del logotipo, de los colores, etc.

Este manual, de uso interno y externo, explica cómo aplicar el diseño gráfico en los diferentes soportes en los que puede aparecer nuestra marca. No hace falta decir lo importante que es este documento, sin él, el logotipo de Coca-Cola podría aparecer sobre fondo verde en lugar de rojo.

Aunque a estas alturas del escrito parece obvio el beneficio de uso conjunto de ambos conceptos, no es tan habitual como debería. Por ejemplo, muchas PyMEs no tienen identidad de marca, pero si tienen identidad visual, y viceversa. Y es muy habitual que se permiten pequeñas variaciones en el uso de la identidad visual, creando incoherencias que a priori parecen inofensivas, pero que dejan una mala sensación de mediocridad en el usuario.

Es fundamental trabajar la identidad visual de una empresa en conjunto con la identidad de marca. No sólo hacia fuera, para mejorar la apreciación del público sobre la marca sino también hacia dentro, para que los empleados se sientan satisfechos e involucrados con su lugar de trabajo.

Y es obligatorio contar con una identidad visual corporativa que se aplique de manera coherente y disciplinada para ayudar al público a reconocernos y a identificarnos de entre miles de marcas competidoras.

La imagen de marca a diferencia de la identidad, es la manera en la que los diferentes grupos de interés perciben a la marca. La imagen de marca es el significado que una marca tiene para estos grupos. Esta percepción o significado se genera en la mente de estos grupos, y es consecuencia de toda la información que reciben de la marca a través de su comunicación. Es lo que los demás piensan de la marca.

La identidad de marca está formada por todos los elementos visuales y verbales de una marca. Sirve para identificar a una marca antes sus públicos y diferenciarla de su competencia.

La imagen de marca la construyen los significados, actuaciones, expresiones y relaciones de una marca. La imagen de marca se obtiene activando la marca con emociones que construyen la percepción.

De hecho, y según la RAE, existen algunas diferencias en sus conceptos, aunque en branding son aún mayores:

- *Imagen:* Conjunto de rasgos que caracterizan ante la sociedad a una persona o entidad.
- *Identidad:* Conjunto de rasgos propios de un individuo o de una colectividad que los caracterizan frente a los demás.

La confusión entre la identidad de marca y la imagen de marca se produce fundamentalmente debido a estos dos factores:

- El desconocimiento de estas dos dimensiones por parte de sus públicos.
- La incoherencia de la marca a la hora de transmitirlos.

Como alguna vez escuche: "Las cosas se hacen despacito y bien. Después, las hacemos deprisa…y bien."

LOS ARQUETIPOS DE MARCA

Los arquetipos de marca son una serie de valores, posturas y procederes que caracterizan tu marca, la definen y crean una conexión emocional con tu público. Para que una marca sea exitosa, construir una fuerte identidad es clave. Para construirlo de manera efectiva, las marcas deben crear un patrón fácilmente comprensible e identificable.

Con el fin de lograr el deseado reconocimiento, se suelen utilizar los arquetipos de marca: un marco de referencia creado por el psicólogo Carl Gustav Jung y popularizado en el mundo del marketing por Margaret Mark y Carol S. Pearson en su libro "The Hero and the Outlaw"[27].

Como una herramienta de marketing y branding, los arquetipos hacen la vida más fácil a los profesionales del branding. Pero...¿qué son los arquetipos de marca? Anteriormente había escrito un poco sobre ellos con Jennifer Aaker, pero abordaremos ahora a Jung.

---

27   Margaret Mark. The Hero and the Outlaw: Building Extraordinary Brands Through the Power of Archetypes. 6 febrero 2001

Los arquetipos de marca organizan la realidad y agregan estructura a las marcas, además dan vida a la narrativa de la marca y ayudan a crear un storytelling atractivo.

La razón por la que los arquetipos de marca se suelen elegir por encima de otras clasificaciones de marcas es porque ya están estandarizados en el sector. La mayoría de los profesionales del branding y consumidores, en general, están familiarizados con los arquetipos de marca, porque siempre han estado presentes en nuestras vidas a través de las historias contadas en libros, películas, cuentos de hadas o leyendas, a menudo presentando tipos de personajes similares.

Incluso si no estuviéramos al tanto de su existencia, podríamos identificar fácilmente ciertos patrones y cualidades. Esa es la razón principal por la que las marcas tienen sus raíces en alguno de los arquetipos de marca existentes. Aunque muchas marcas no usan arquetipos conscientemente, casi cualquier estrategia de marca se puede asignar a 1 o 2 de ellos, pero ¿cuántos arquetipos de marca existen? Se suele hablar de 12 arquetipos, estos arquetipos son:

1. El Gobernante: Son marcas que anhelan el liderazgo en sus mercados, y muestran un carácter de superioridad respecto a su competencia: Mercedez, Rolex.
2. El Héroe: Marcas valientes, decididas en sus propuestas y que pretenden hacer del mundo un mejor lugar: Amazon, Nike.
3. El Forajido: Cuestionan el mundo, y muestran una actitud de cambio y desafío hacia el status-quo: Diesel, Desigual.
4. El Cuidador: Son marcas seguras de sí mismas, que transmiten confianza y bienestar a sus públicos: Danone, Nestlé.
5. El Inocente: Estas marcas transmiten simplicidad, optimismo y felicidad: McDonald's, Disney.
6. El Hombre Común: Apuestan por la modestia, la humildad y un posicionamiento de conexión a través de la empatía: Ebay, IKEA.
7. El Explorador: Marcas auténticas, descaradas e independientes: Red Bull, Jeep.
8. El Sabio: Apuestan por el conocimiento, el análisis y el crecimiento como pilares en su posicionamiento: Google, HP.
9. El Mago: Marcas imaginativas, carismáticas, y seguras: Intel, Absolut.
10. El Amante: Son marcas pasionales,

seductoras y que buscan complacer a sus público estableciendo relaciones emocionales fuertes: Victoria´s Secret, Channel.

11. El Bufón: Marcas frescas, divertidas y cómicas: Oreo, Fanta.

12. El Creador: Son líderes en innovación, diseño e investigación, siempre un paso por delante en su categoría: Apple, LEGO.

Los primeros arquetipos de marca que analizaremos serán el Gobernante, el Héroe, el Forajido y el Cuidador. Aunque son muy diferentes, tienen ciertas características en común. Son audaces, poderosos y seguros de sí mismos.

Las marcas basadas en estos tres arquetipos creen generalmente que están mejor dotadas que otras en algún aspecto: el Gobernante cree que, simplemente, es el mejor; el Héroe tiene la misión de lograr algo que otros no pueden; mientras que el Forajido tiene como objetivo cambiar el mundo.

EL GOBERNANTE.

El Gobernante es un arquetipo que suelen usar las marcas líderes en sus mercados, marcas que pretenden remarcar exactamente su liderazgo. Son marcas superiores a su competencia, que desarrollan estrategias para hacer más evidentes sus diferencias y ventajas competitivas.

Son marcas que desean el poder, el control y muestran su capacidad de liderazgo sobre todas las cosas.

Este tipo de marcas se relacionan con consumidores que buscan la excelencia en sus compras, buscando siempre tener una calidad superior a los demás.

Sin embargo, si no se gestionan adecuadamente, pueden crear una imagen de autoridad y control excesivo.

Un ejemplo representativo de una marca basada en este arquetipo es Mercedes-Benz. Quien se ha convertido en sinónimo del más alto lujo, calidad y clase; que es el motivo por el que sus compradores la desean.

Otro ejemplo sería Heineken. Una marca que se posiciona como la cerveza premium más "disfrutada en 192 países" siendo líder progresivo e innovador, destacando su popularidad y dominio en el mercado.

EL HÉROE.

El Héroe muestra poder y confianza en sí mismo por encima de todo. Son marcas con un marcado carácter ganador, son triunfadoras que hacen las cosas de manera efectiva, en su misión de mejorar el mundo.

El Héroe es valiente y decidido, y tiene como gran objetivo hacer del mundo un lugar mejor.

Las marcas basadas en este arquetipo suelen ser innovadoras y con una fuerte imagen en sus mercados. Sus clientes exigen calidad y eficiencia, y depositan su confianza en estas marcas porque prometen cumplir sus promesas.

El ejemplo más claro es Nike, que apuesta porque todos pueden superar sus debilidades para alcanzar la grandeza, asumiendo de manera optimista que si tienes un cuerpo, eres un atleta; y si eres un atleta, estás destinado a ganar.

Otro ejemplo sería Amazon, por su obsesión de ofrecer al mundo la mejor tecnología, innovación, precios bajos y una excelente selección o gestión de productos. Amazon hace su trabajo de forma rápida, efectiva y orientada a los altos estándares de sus clientes.

EL FORAJIDO.

Estas marcas destacan porque dudan del mundo tal como es, y quieren cambiarlo. Cuestionan el *status quo*, no temen romper las reglas y se proponen cambiar el ritmo de vida habitual.

Si hay algo que no funciona como ellos lo conciben, lo cuestionan y lo destruirán. Si quieren venganza, la tomarán. Y si quieren comenzar una revolución simplemente lo harán.

Las marcas que siguen el arquetipo del Forajido son escandalosas, rebeldes y buscando siempre sorprender. No sienten apego por el modo en el que su industria opera, sino que proponen una nueva forma de afrontar sus retos. Son marcas inconformistas.

Un gran ejemplo es Harley-Davidson, una marca vanguardista que ofrece a sus clientes un producto que los distingue, fomentando la singularidad y permitiéndoles expresarse a su manera. El objetivo de la marca es permitir la independencia, la emoción y la vivencia de aventuras. Atrayendo el lado más rebelde de sus clientes.

Otro ejemplo lo vemos en Vice, un medio que no teme cubrir temas impopulares y controvertidos. Que ha generado un estilo rebelde y provocador, y que se enorgullece de no seguir la «norma» de comunicación de otros medios masivos.

Los siguientes arquetipos de marca que veremos son El Cuidador, el Inocente y el Hombre Común.

Las marcas basadas en estos arquetipos se muestran cálidas y humanas, no intentan ser mejores que otras o al menos no lo utilizan como un punto clave en su estrategia de marca y entienden el storytelling como un punto esencial.

EL CUIDADOR.

Estas marcas tienen como objetivo apoyar y cuidar a los demás, preocupándose de su bienestar. Crean una percepción de desinterés y apertura, construyendo seguridad y confianza. Casi todas las marcas de cuidado de bebés se basan en este arquetipo, que también es conocido como La Madre.

Un ejemplo claro es Nivea. Quien se enorgullece de utilizar la misma fórmula de producto básico, que cuida y protege la piel, durante más de 100 años. Nivea ha dedicado años a desarrollar una marca única y consistente, creando asociaciones tales como dulzura, calidez, cercanía, suavidad y cuidado.

Otro ejemplo, aunque menos obvio, es Starbucks. La estrategia de marca de Starbucks se basa en hacer sentir a sus usuarios que están en casa, se trate del país que se trate. Sus cafeterías son lugares cálidos, acogedores y reconocibles en todos los países.

EL INOCENTE.

Estas marcas son percibidas como puras, simples y optimistas. Y conciben el mundo como un lugar feliz. Algunas de las marcas construidas sobre este arquetipo corresponden a las compañías más poderosas del mundo, los ejemplos más famosos son McDonald's y Coca-Cola.

La estrategia de marca de Coca-Cola se ha basado en los mismos pilares: sabor y frescor en el nivel funcional y felicidad en el emocional. Coca-Cola cree en un mundo feliz e idílico, donde todos están alegres.

Otro ejemplo es Corona. Quienes han construido su valor de marca en torno a las asociaciones con el verano, las puestas de sol pintorescas, la arena blanca y las playas tropicales.

EL HOMBRE COMÚN.

Estas marcas se posicionan al mismo nivel que el consumidor, tratándolos como iguales y expresando humildad o modestia en su estrategia de marca. Se sienten parte de la comunidad y no tratan de ser especiales o sobresalientes.

Ikea entendió notablemente el concepto de este arquetipo. Su comunicación ensalza la belleza de la vida cotidiana y demuestra que puede ser experimentada por cualquier persona. Incluso su fundador, *Ingvar Kamprad*, personifica este arquetipo de marca: un hombre humilde pero tremendamente exitoso, conocido por conducir coches de segunda mano y usar ropa de los "mercaditos". Otro ejemplo sería Jack Daniel's. Una marca que hace múltiples referencias a la colaboración, amistad y familia, presentando fuertes elementos de cercanía y autenticidad.

Ahora veremos el segundo bloque de arquetipos de marca, los 6 restantes tipos que existen, dividiéndolos en 2 grupos. Para empezar: el Sabio, el Creador y el Bufón, que destacan por aportar una cualidad especial a su mundo: conocimiento, experiencia y comprensión, artesanía , creatividad e innovación o diversión, despreocupación y entretenimiento y para terminar, veremos el grupo compuesto de los arquetipos de marca más "extraordinarios": el Explorador, el Mago y el Amante, que destacan por proponer un mundo más aventurero, transformarlo en algo más mágico o llenarlo de amor y pasión.

EL SABIO.

Las marcas que siguen este arquetipo son percibidas como sabias e inteligentes, y suelen incluir connotaciones de aprendizaje, experiencia, ciencia o maestría en sus comunicaciones.

Tienen un deseo latente por encontrar la verdad, y su objetivo es obtener y compartir un mejor entendimiento del mundo. Los ejemplos típicos incluyen universidades o instituciones educativas. Algunas grandes marcas de tecnología suelen identificarse con este arquetipo, por ejemplo Google.

Google tiene la misión de "organizar la información del mundo haciéndola universalmente accesible y útil". A través de su cartera de productos, Google ayuda a las personas a conocer más sobre el mundo que les rodea y les permite encontrar la información que necesitan. Por ejemplo mediante el buscador, el traductor o sus mapas, que suelen ser la información más confiable.

Otro ejemplo lo vemos en L'Oréal. Una marca que invierte mucho tiempo, dinero y recursos en investigación, tecnología e innovación. En un esfuerzo por hacer que sus productos sean más efectivos, avanzados y socialmente responsables.

EL CREADOR.

Las marcas que se asemejan al Creador se caracterizan por su empeño en crear, construir e innovar. Orientan sus comunicaciones en destacar su proceso de producción.

LEGO es un ejemplo que define en sí mismo este arquetipo de marca. Su producto es uno de los juguetes creativos más populares en el mundo y su misión "inspirar y desarrollar a los constructores del mañana" demuestra que están realmente comprometidos con el desarrollo de la imaginación y creatividad de los niños.

Otro ejemplo sería Nescafé. Una marca que ha desarrollado más de 5000 productos que satisfacen diferentes necesidades de sabor, uso y presupuesto.

La estrategia de marca de Nescafé se basa en la idea de los nuevos comienzos: nuevas ideas, nuevas aventuras, nuevas conexiones, amistades y relaciones. Su propuesta de valor se basa en generar inspiración y nuevas oportunidades, lo que se resume en el eslogan de la compañía: "Todo comienza con un Nescafé".

EL BUFÓN.

Este arquetipo de marca se enorgullece de entretener a los demás y centra sus esfuerzos en aspectos como el humor, la alegría y la espontaneidad.

Un ejemplo bien conocido de este arquetipo de marca es Pepsi. Al compararse con su principal competidor, Coca-Cola (el Inocente), Pepsi muestra un tono más humorístico y desenfadado en su comunicación de marca. Si bien Coca-Cola trata la felicidad, Pepsi trata la diversión. Según su propuesta de valor son una marca que lleva "más de 100 años de diversión y refresco".

Terminamos con los 3 últimos modelos de arquetipos de marca: el Explorador, el Mago y el Amante. Lo que les hace ser parte de un mismo grupo es el hecho de que las marcas que representan estos arquetipos creen que el mundo cotidiano no es su lugar, y buscan destacar en algo extraordinario: aventura y exploración de nuevos lugares, transformación y magia, y el amor o la pasión.

EL EXPLORADOR.

Este arquetipo de marca destaca por experimentar y descubrir nuevas emociones. Valoran la libertad, la independencia, la autenticidad y el individualismo por encima de cualquier otra cosa. Son marcas muy aventureras y crean modelos de descubrimiento, exploración y viaje. La naturaleza y los viajes son temas comunes en su comunicación.

National Geographic, es el claro ejemplo de marca exploradora más influyente en su identidad, valores, cultura, comunicación y experiencia de cliente, también encontramos marcas como Jeep o la marca de ropa North Face dentro de este arquetipo.

EL MAGO.

Las compañías bajo el arquetipo de marca del Mago suelen versar sobre fantasía, espiritualidad y, obviamente, magia. Estas marcas se centran en la transformación, y prometen hacer realidad los sueños de sus consumidores.

Un buen ejemplo es Intel. Aunque Intel es famosa por sus procesadores, la compañía ha construido una imagen emocionalmente atractiva de lo que hace, afirmando que "Intel hace posible las experiencias más sorprendentes del futuro". De hecho, rara vez hablan de detalles de sus productos, girando su estrategia de marca hacia la creación de experiencias.

EL AMANTE.

El arquetipo de marca del Amante se basa en el deseo. Prometen belleza, atractivo sexual y experiencias sensuales, y a menudo centran su comunicación sobre el placer, la intimidad y la pasión. Hay categorías completas de productos que se basan en este arquetipo, como la lencería o el chocolate.

El claro ejemplo lo vemos en Victoria's Secret. Una marca de fama mundial, representando el atractivo sexual, la intimidad y el deseo, rasgos típicos del arquetipo del Amante.

Los 12 arquetipos de marca muestran modelos a los que las marcas tienden a parecerse, para conseguir ser más notorias, identificables y reconocibles. Lo más importante sobre los arquetipos de marca es entender cómo van más allá del deseo de generar rentabilidad: la estrategia facilita la creación del buyer persona, mejora la visión de la audiencia de una empresa y crea transparencia en todos los procesos.

Da lo mismo quien creas que seas, o lo que pretendas ser, al final del día sólo somos aquello que los demás creen que somos. Por ello, una de las obsesiones del branding es entender qué significado debemos construir en quienes nos rodean para crear valor y preferencia por encima de los demás.

EL USO DE LOS ARQUETIPOS

La pregunta ahora es, ¿qué arquetipo debería usar para construir mi marca? Podemos construir marcas basadas en los arquetipos o no. Hay varias formas de hacerlo, y nos centraremos en el sí hacerla con los arquetipos. Si decidimos dotar a nuestra marca de un arquetipo, estamos decidiendo facilitar el entendimiento de la misma, ya no sólo a nuestros clientes, sino a todos nuestros colaboradores. Cuando la agencia de comunicación o marketing deba buscar un protagonista para el mercado, sabrá qué hacer, ahora bien, ¿qué arquetipo es el adecuado? El Arquetipo no es más que la representación de esta pregunta: ¿Si mi marca fuera un verbo, cuál sería? Es decir, la marca va a tener un rol en la vida de nuestras audiencias. ¿Qué rol será aquel que construya un mayor valor frente a los demás?, ¿Qué rol será aquel que represente mejor mi propuesta de valor?

Ya que tienes el verbo, puedes decidir qué arquetipo es el que mejor lo representa. Si estos arquetipos llevarán una playera con un verbo, cuál encaja mejor con el que define a la marca. Debemos estar conscientes que muchas veces un solo arquetipo no cumple con todo lo que deseamos para nuestra marca, entonces es aquí cuando podemos agregar un arquetipo complementario para darle un matiz más personalizado. El arquetipo complementario tiene la función de acabar de concretar el rol y la personalidad de nuestro arquetipo principal. Es decir un mismo arquetipo puede tener diferentes matices de personalidad en función de un arquetipo complementario. Cuando tenemos claro quienes vamos a ser, qué rol queremos tener en la vida de las personas, nuestros consumidores, qué arquetipo nos representa, que arquetipo nos complementa es hora de asignar una relación. Debes pensar en qué tipo de relación quieres construir con la marca para las audiencias.

Finalmente, los arquetipos de marca son una serie de valores, posturas y procederes que caracterizan tu marca, la definen y crean una conexión emocional con tu público objetivo.

OTROS CONCEPTOS RELACIONADOS CON LA MARCA

DENOMINACIÓN SOCIAL

Existen diferencias entre marca, denominación social y razón social; la marca es el nombre con el que se conoce una empresa en el mercado, en ocasiones incluye un distintivo visual, aunque se puede registrar otro tipo de distintivos (holográficos, olfativos, sonoros, etc), el más común que se registra es el logotipo. La denominación social es la parte fonética de la marca, la que puede pronunciarse, la que se usa para nombrar al producto. Por otro lado, la razón social es el nombre con el que se le identifica a una empresa ante la ley y, que la sujetará a ciertos derechos y obligaciones. La razón social de una empresa deberá incluir un tipo de sociedad mercantil, la cual se dará con ciertas características que definirán las responsabilidades y registros legales. Un ejemplo en el mercado mexicano de una marca y su razón social es Starbucks (marca) perteneciente a Café Sirena, S. de R.L. de C.V. (razón social).

SÍMBOLO DE MARCA

Es la parte gráfica de la marca, la imagen que se relaciona con él, los colores y las formas que la componen, también conocido como logosímbolo. Esta es quizás la definición de la cual el concepto de marca nació, un símbolo que nos ayuda a distinguir un producto. Símbolos que se llenaron de significado por el tiempo mediante la asociación de una experiencia, de una distintividad y relevancia hacia aquellos que lo hacían. No son pocas las ocasiones que nos preguntamos si un logotipo tiene que llevar o no símbolo, si la marca necesita una especie de condensador visual que nos sirva para concentrar nuestra identidad en un elemento más o menos sencillo, que hace de bandera para nuestro reconocimiento. Algunos ejemplos de símbolo de marca:

ANAGRAMA: Es uno de los más antiguos. Hoy escasea en las grandes identidades cada vez más digitales, que entienden que este tipo de símbolo les puede resultar complejo en contextos digitales, por sus formas elaboradas.

SÍMBOLO DESCRIPTIVO: Aquellos símbolos que tienen como función hacer de identificador del nombre, suelen usar una letra del mismo o parte de él.

SÍMBOLO FIGURATIVO: Un símbolo que tiene como función ser reconocible pero que carece de un significado que aporte contenido a nuestra propuesta de valor.

SÍMBOLO SIGNIFICANTE: Un símbolo que nos ayuda a proyectar parte de un significado o conecta con nuestra propuesta de valor.

LOGOSÍMBOLO: Aquellos logotipos que se convierten en un símbolo en sí mismo por su composición.

Podría hablar de escudos o mascotas, pero no dejan de ser una variación de algunos de los mencionados.

SÍMBOLOS DE MARCA REGISTRADA

Aunque estemos acostumbrados a verlos por todas partes, hemos observado que la mayoría no tiene claro las diferencias de uso entre unos símbolos de marca registrada y otros. Y además, no saben cómo escribirlos. Los tres más conocidos son Marca™, Marca Registrada ® y Copyright ©.

Se trata de un carácter especial y aunque es reconocido por la mayoría de las personas, ¿qué protege cada uno de estos símbolos? Es importante señalar que tanto el símbolo de marca registrada ® como el símbolo de copyright © no aportan protección de derechos de propiedad industrial o intelectual, sino que tienen una función exclusivamente informativa, lo que aporta protección será el título que se nos entreguen de registro y nosotros decidiremos utilizar uno u otro para respaldar su uso informativo.

El símbolo ™ (Trade Mark, término en inglés que significa marca) sí es el símbolo que sirve para indicar a los consumidores y a la competencia que se reivindica la marca y que está en uso, independientemente de si la marca está o no registrada oficialmente ante una oficina de propiedad industrial. Un concepto similar al símbolo TM es SM, pero el SM se usa para marcas que únicamente protegen servicios. Estos símbolos son válidos para aquellos países donde se da protección y titularidad sobre una marca a quien primero la use (y no a quien primero la registre). Un ejemplo de marca que utiliza TM junto a su nombre es Starbucks™.

El símbolo ® está reservado para marcas registradas, que ofrecen tanto productos como servicios. Por lo que puedes utilizar este símbolo junto a tu marca cuando tengas el título oficial de marca registrada en el país donde estás usando la marca con el símbolo. En algunos países, en caso de utilizar el símbolo ® sin tener la marca registrada, puede acarrear consecuencias legales. Un ejemplo de marcas que incluyen este símbolo son McDonald's y Adidas.

El copyright © se utiliza para advertir al público de que la obra (no sonora) es original y que no se puede reproducir sin consentimiento del autor, debido a los derechos patrimoniales y morales que la ley concede al autor por haberla creado.

Es un símbolo reconocido por todo el mundo, pero desde la convención de Berna no es obligatorio usar el símbolo de copyright como protección. En la Unión Europea, por ejemplo, el derecho patrimonial expira a los 70 años desde la muerte del autor de la obra y finalmente el símbolo ℗ que se utiliza para notificar el copyright o derecho de autor de obras sonoras. Su nombre viene de "Phonogram".

No existe una regla específica para utilizar los diferentes símbolos. No obstante, lo habitual es encontrarlos en la esquina superior derecha del nombre de la marca o en la misma altura.

Por último, queremos recordarte que el uso de la simbología ® es apropiada tras el registro oficial de una marca. Antes, no tiene validez. Por tanto, no debemos incluir la ® de marca registrada en nuestro logo hasta que la marca haya sido registrada.

En caso de que incluyas el símbolo en la solicitud de registro de marca (sin esperar su aprobación), la oficina de propiedad industrial podría emitir una objeción al registro, considerando que no cumples con los requisitos para el registro.

LA MARCA ES UN TANGIBLE

No todo lo que no se puede tocar es un intangible. Llevamos décadas escuchando que la marca es un intangible de la empresa. Una definición muy industrial que separa aquello que una empresa puede tocar, sus maquinarias, sus empleados, su infraestructura, su producto, y aquello que no puede agarrar. Lo cierto es que decir que la marca es un intangible, es decir que la marca no podemos equipararla a la inversión en la mejor máquina del mercado. Y eso no es cierto. Hoy las marcas son un valor tangible. Son una respuesta a una necesidad, son un retorno en competitividad, y son una parte de la vida de nuestras audiencia. La marca es un concepto capaz de generar sensaciones físicas a sus audiencias, competitivas a sus empresas, y motivadoras a sus empleados. La marca jamás ha sido tan tangible como hoy. Solemos prestar mucha atención a aquello que podemos tocar. Somos capaces de establecer un plan de mantenimiento sobre nuestra cadena de producción porque sabemos que el uso hace el desgaste, porque somos capaces de ver y tocar el óxido y entendemos que debemos proteger nuestra inversión para no ver como se estropea. Considerar la marca como un tangible es ponerla en la lista de cosas importantes que merecen nuestra total atención, forma parte de nuestra hoja de inversiones con retorno, de algo que hay que mantener para que no se oxide, que debe tener una hoja de revisiones periódicas y que alguien necesita formación para usarla.

ESTRATEGIA DE MARCA

No hay un camino fácil para desarrollar una estrategia de marca y construir marcas de éxito. Hay muchas vías.

1. Hábitos: ¿Cómo conseguimos que nuestra marca esté en la lista de "cosas por hacer periódicamente" de personas ocupadas, con poca capacidad de atención y con acceso a una amplia oferta? Marcas como Starbucks están ganando la guerra para cambiar las rutinas de los clientes, porque han desarrollado una estrategia de marca orientada a ofrecer experiencias que rompen la rutina de compra de sus clientes.
2. Oportunidades: Los hábitos son poderosos, pero las oportunidades pueden serlo aún más. Estas nos enganchan de manera efectiva, ya que combinan tiempo y concentración. Y debido a esto, nos dan permiso para comportarnos de esta manera o de aquella. Está bien hacer algo diferente, que no haríamos en un día normal.
3. Recordación: Cuanto más a menudo un cliente entre en contacto con su marca, su recordación será más consistente. Por el contrario, cuando sus clientes sólo interactúan con su marca de vez en cuando, es importante buscar que la

recordación sea más fuerte y duradera.
4. Emociones: Las emociones son verdaderas constructoras de marcas y ayudan a descubrir nuevas oportunidades de crecimiento mucho más rápido que sus competidores.
5. Hostilidad: Las marcas hostiles son aquellas marcas que "son difíciles de conseguir". Las marcas hostiles definitivamente exigen una decisión – ámame o déjame. Suena arriesgado, y sin embargo el número de marcas exitosas que practica este concepto es sorprendente. Mini Cooper es un ejemplo de marca que tiene una fuerte comunidad de ardientes defensores así como de detractores de su marca.
6. Valores: Las marcas líderes siempre se diferencian por valores que comparten los clientes. Si los valores que la marca representa no están alineados con los valores de los clientes, ninguna inversión en marketing va a cambiar la percepción de estos hacia la marca.
7. Códigos: Todos los profesionales en marketing están familiarizados con el concepto del ADN de la marca, los hilos de la estrategia que se entretejen para darle a la marca su sentido de identidad como comportamientos, valores, propósito, posicionamiento, historia entre otros.

Sin embargo estos no son los elementos que los consumidores ven y sienten en su mayor parte. Ellos perciben y aprecian de una manera mucho más notoria los códigos de la marca. Por ejemplo los colores amarillo y rojo de McDonald's.

8. Fluidez: Las marcas nunca deben considerarse terminadas. Ellas no son estáticas, sino que son temporales y evolutivas. Las marcas pueden entenderse mejor si se consideran en un estado de desarrollo continuo. Un ejemplo muy claro es Apple con su continua innovación.

9. Final: ¿Cómo te gustaría que la experiencia de tu cliente con tu marca termine? Por ejemplo, al terminar de cenar en un restaurante, ofrecer un café gratis.

10. Inmortalidad: Las marcas no deben tener ciclos de vida si se administran bien. Ellas pueden vivir indefinidamente con un sentido trascendente.

Estos conceptos nos enseñan la importancia de desarrollar una estrategia de branding que genere vínculos memorables y perdurables, basados en experiencias emocionales fuertes y profundas que son las que crean fidelidad gracias a la comunicación de sus creencias en forma transparente y auténtica.

ADN DE MARCA

El ADN contiene las instrucciones genéticas para el desarrollo de todos los organismos vivos (genotipo), junto a determinados factores derivados de su ecosistema fija el conjunto de rasgos observables que éste va a desarrollar (fenotipo). La habilidad del ADN de los organismos vivos de adaptarse a entornos que evolucionan permite un gran paralelismo con la esencia de las marcas. El ADN recopila la información biológica de los seres vivos y, del mismo modo, las marcas como seres vivos nacen, crecen, se reproducen y mueren. Esto hace que en el ADN de una marca encontremos una combinación de la información relativa a su origen, su realidad actual y su proyección de futuro.

Definir el ADN de una marca, la esencia de la marca, es de vital importancia para aportar una mejor existencia y prolongar su futuro.

Existen diversos factores que influyen determinantemente en la definición del ADN de una marca. Sólo cuando se alcanza una comprensión completa de cómo funciona la empresa y cuál es su relación con sus marcas es posible construir un mapa genético definitivo.

1. Herencia. Identifica el origen del significado de la marca. No su definición semántica si no su auténtica razón de ser.
2. Cultura. Definida por el conjunto de factores vinculados a la manera de ser y hacer de una organización qué son compartidos por sus miembros. Estos factores se traducen en hechos singulares percibidos interna y externamente, que diferencian una organización de otra y sirven para posicionarla en el entorno.
3. Valores. Aquellos que de verdad permanecen y enlazan con el cliente de productos y servicios que, a la vez, son capaces de transmitir nuestra esencia.
4. Diferencia. Destacar en un mercado sobresaturado es cada vez más difícil. Los diferenciadores son los factores que hacen única a la marca distinguiéndose de la competencia. Pueden ser factores racionales y emocionales.
5. Posicionamiento. En sí mismo es una definición sólida, creíble, relevante, diferencial y duradera que describe la esencia de la marca y su razón de ser, dotándola de sentido y haciéndola comprensible para las audiencias internas y externas.
6. Personalidad. Aquellos rasgos definitorios

que determinan los elementos clave con que la marca se expresa. Se adquiere a través de la introspección y destilación de sus valores y beneficios más representativos.
7. Propósito. Contribuye tanto en el interior ayudando a los empleados y accionistas a entender el porqué, como en el exterior ayudando a los clientes a comprender para qué está la marca. Es algo que traspasa los beneficios funcionales y tiene un alcance emocional y social.
8. Espacio competitivo. Las marcas difícilmente actúan en entornos vírgenes, por ello es conveniente enmarcarlas en un entorno específico, identificando cuáles son las oportunidades y amenazas en el mercado.
9. Territorio. Se trata del espacio tangible e intangible que ocupa una marca definida por su propia naturaleza y por sus aspiraciones racionales y emocionales ante sus grupos de interés. Expande el posicionamiento creando el contexto en el que se va a desarrollar.
10. Comunicación. Lo que no se comunica no existe. La marca toma vida proyectando una imagen a través de la comunicación y mediante el diálogo.

Una vez encontrado el ADN de la marca será conveniente contrastarlo con el pasado y presente de la empresa, las bases para constituirse en una auténtica ventaja competitiva.

¿QUÉ TIPOS DE BRANDING EXISTEN?

- Personal Branding. Consiste en trabajar la propia marca personal de cada individuo y en nuestros días ha cogido bastante fuerza.
- Branding Corporativo. Este es el branding del que hemos hablado en el artículo y corresponde al branding enfocado a marcas, es decir, a las empresas.
- Employer Branding. En un nuevo concepto se refiere a cómo trabajar la marca del empleado.

Los consumidores actuales son exigentes y hay pocas cosas que logren conquistarlo. Además, vivimos en un mundo competitivo y globalizado en el que la información vuela de un lado a otro en tiempo récord a través de Internet. Por ello, es importante gestionar y consolidar correctamente la marca para no vernos perjudicados, detrás de todo proyecto exitoso de branding tiene que haber una historia, un concepto profundo a través del cual desarrollar todas las decisiones y acciones.

El objetivo del Branding es extender la marca en el mercado, posicionarla como un referente y ubicarla en la mente de los consumidores de forma directa o indirecta. Si el branding resulta efectivo, la publicidad de la marca será mucho más fácil y su relevancia en social media será más notable. En la era de la web 2.0 las marcas deben tener en cuenta la importancia de la creación de una comunidad de usuarios que interactúen con ella.

¿BRANDING, MARKETING Y PUBLICIDAD?

En el branding reside el corazón del negocio, por eso es fundamental abordarlo desde el inicio y bajo una perspectiva empresarial y estratégica, involucrando a la propia dirección de la compañía. Antes de lanzar una empresa o un producto al mundo hay que empezar por determinar qué lo hace diferente y relevante, sentando las bases de un significado propio que se argumenta a través de la marca. Alguno puede pensar que lo que identifica a una marca es su nombre o su logo, pero la realidad es que solo lo señalan, indican o visten. El grado de identificación máximo se encuentra en la esencia de la marca, que forma parte de los fundamentos del branding y que encapsula todo lo que la marca representa.

Por otro lado, marketing viene de mercado y no de marca, aunque a menudo todavía hay quien se confunde. Lógicamente se basa en la orientación al mercado de un negocio. Es decir, al conjunto de procesos que incluyen identificar las necesidades de los públicos de interés de una organización, creando, comunicando, distribuyendo e intercambiando ofertas que tienen valor para clientes actuales y potenciales, socios y la sociedad en general. Podría resumirlo en averiguar qué quieren los consumidores y determinar si es posible producirlo al precio adecuado encontrando las mejores fórmulas para satisfacer dicha demanda. Pero el marketing no construye marcas, sino que es el responsable de trasladarlas al mercado.

Finalmente, la publicidad dará a conocer la marca y sus diferencias al público, se inspirará en ellas y tratará de emitir un mensaje notorio, memorable y seductor. Representa la parte más visible del negocio, pero funciona cuando se genera a partir de una clara estrategia de marca, de unos sólidos principios de branding.

Cuando branding, marketing y publicidad convergen los resultados son evidentes.

Para facilitar mejor la comprensión podría valer el ejemplo al igual que en el amor y las relaciones, el branding persigue relaciones a largo plazo. Permite definir y potenciar atributos, valores y diferencias, es un generador de confianza, establece las bases para que exista un diálogo relevante entre las dos partes. Sin duda, tiene un elevado componente estratégico que está en la misma esencia de cualquier negocio. Igual que en las relaciones de familia, el branding sienta los fundamentos para generar sentido de pertenencia.

En este paralelismo, el marketing facilita los recursos y las condiciones que generan dichas relaciones: encuentros, plataformas, herramientas, formatos, contraprestaciones... todo aquello que pondría en contacto la oferta con su público en las mejores circunstancias.

Y en el otro extremo, encontraríamos a la publicidad, me atrevo a decir que sería igual que el sexo, orientado a conseguir resultados inmediatos, excepto determinadas campañas corporativas.

En esta ecuación, la gestión de las percepciones se convierte en una pieza fundamental. Y el motivo resulta bastante simple: la mayoría de las decisiones de compra tienen potentes conexiones emocionales. La clave para que las emociones tomen valor parte de integrarlas desde la marca, a través de unos atributos intangibles, la definición de su propósito y mediante una personalidad concreta. Todo debe estar conectado y orientado hacia despertar las emociones positivas de los clientes.

Pensemos que las marcas son las responsables de unir negocios y personas. Por tanto, es necesario que los productos o servicios incluyan una dimensión emocional que les aportan las marcas. No vendemos computadoras, vendemos un estatus social al mundo; no vendemos helados, vendemos un momento de frescura, no vendemos refresco, vendemos felicidad. Para conseguirlo hay que hacer sentir – no solo pensar, sino que somos la solución a sus problemas.

El branding en la era digital sigue requiriendo de los principios básicos de la gestión de las marcas, aunque deben adaptarse a nuevos medios. No se trata tanto de conseguir que las marcas conecten digitalmente, sino de lograr que los clientes conecten con las marcas allá y cuando realmente les interese.

LAS DIMENSIONES DEL BRANDING

Como hemos visto anteriormente, el branding es el conjunto de emociones, experiencias y percepciones que ocurren en la mente de las personas, refiriéndose a un producto o servicio. Para que este conjunto de atributos funcione correctamente, es necesario activar las claves o dimensiones que componen el branding.

LAS 7 DIMENSIONES DEL BRANDING.

1. El concepto de marca (Brand Concept).

El concepto de marca o brand concept nos dice, básicamente, cómo nos llamamos. Es la idea principal que apoya la creación de una marca. Y es la más básica de todas las dimensiones del branding.

El concepto de marca debe:

- Ser atractivo y convincente para quien entre en contacto con la marca
- Resultar relevante en el momento de su creación, y sobre todo,
- Tener potencial a largo plazo.

Se expresa a través de los siguientes elementos: nombre de marca, historia, origen, storytelling y oferta. Es una de las bases para construir marcas fuertes y estables en el largo plazo. Un concepto de marca adecuado será aquel que perdure y siga siendo coherente aunque la marca desarrolle su estrategia de marca.

Las marcas que más triunfan en el mercado han logrado desarrollar un concepto sostenible y rentable en el tiempo. Pensemos por ejemplo en el caso de Starbucks, quienes representan momentos, sentimiento de pertenencia y tranquilidad.

2. La identidad de marca (Brand Identity).

Podríamos decir que la identidad de marca expresa quién es una marca y cómo es percibida por sus públicos. La identidad es la esencia de la marca. Es el conjunto de los atributos y elementos identificativos que forman una marca, pero sobre todo es la manera en la que la marca es percibida por su público objetivo.

La identidad responde a la pregunta: ¿quién eres?

Es el conjunto de elementos característicos que construyen una marca. Y que se pueden crear y gestionar mediante el branding, dotando a las marcas de un sentido y un valor que la hace más diferenciada y reconocible para sus grupos de interés. Se puede construir a través de: identidad visual, identidad verbal, posicionamiento, personalidad o identidad emocional.

Todo gestionable y activable por el branding.

Es importante no confundir identidad de marca e imagen de marca, términos parecidos pero para nada sinónimos, algo que hemos descrito en capítulos anteriores.

3. La conciencia de marca (Brand Awareness).

La conciencia de marca o brand awareness se refiere al estado en que una marca consigue ser identificada, reconocida y recordada por su público objetivo y la sociedad en general.

Hablamos de marcas que gozan de un alto nivel de conocimiento en sus mercados. Son marcas que han logrado traspasar las barreras más racionales y situarse en el subconsciente de las personas, incluso por delante de la propia categoría de producto. La conciencia de marca está formada por dos dimensiones:

Reconocimiento: recordamos una marca al estar expuestos ante la misma marca o similares. Por ejemplo, recordamos a Nike o Adidas al examinar tenis deportivos o ropa deportiva.

Recuerdo: recordamos la marca de memoria, sin tener que estar expuestos ante estímulos similares. Probablemente pensamos antes en Krispy Kreme cuando nos mencionan donas rellenas.

Un ejemplo que ilustra claramente la conciencia de marca es Bimbo: seguro que al pensar en pan de molde se nos viene a la mente "pan bimbo" incluso antes que el propio producto.

4. El posicionamiento de marca (Brand Positioning).

El posicionamiento es aquello que una marca está dispuesta a hacer para ser quien quiere ser. Es una herramienta fundamental que determina quién es, qué hace y por qué es una marca importante para su mercado. Además determina el significado y la forma en la que se va a competir en ese mercado. Señala qué espacio ocupa la marca en la mente de los consumidores.

Además, el posicionamiento de marca favorece la generación de vínculos emocionales entre la marca y la mente de sus consumidores. Para determinar el posicionamiento de marca se debe desarrollar todo un compromiso con la cultura, procesos, comportamientos, empleados y la comunicación de una marca.

Es muy usual confundir el posicionamiento de marca y el posicionamiento de mercado, aunque realmente tienen poco que ver.

El posicionamiento de marca se refiere al terreno que ocupa una marca en la mente de sus consumidores diferenciándose del resto de competidores. Mientras que el posicionamiento de mercado establece la cuota de mercado y posición competitiva de una compañía frente a su competencia.

5. La influencia de marca (Brand Influence).

La influencia de marca se refiere a la influencia que genera la gestión de las marcas en el éxito de las empresas. Es una de las dimensiones del branding más trascendente de todas. Además determina el comportamiento y actitud de sus consumidores.

La influencia de marca se compone de 3 factores clave:

- La personalidad de marca.
- La notoriedad de la marca.
- La lealtad a la marca.

Son marcas que crean tribus a su alrededor. Grupos de personas que se comportan en función de la personalidad de la marca.

6. La fidelidad a la marca (Brand Loyalty).

La fidelidad a la marca es el grado de compromiso del cliente hacia una determinada marca. Es un vínculo emocional que se puede reconocer en casos como el de un consumidor que siempre insiste en la misma marca. Incluso siendo menos positivas las características de la marca por la que muestra preferencia.

La fidelidad a la marca, responde a la pregunta: ¿Quién te quiere?

No es una actitud o intención de compra, sino un comportamiento efectivo. El posicionamiento, la imagen y la conciencia de marca favorecen al desarrollo de fidelidad hacia una marca. Si una marca es percibida positivamente por un consumidor estará mejorando su posicionamiento, y a su vez el grado de preferencia por parte del consumidor. La fidelidad está ligada a la percepción del valor que una marca aporta a los consumidores, y no por el precio. En este último caso estaríamos hablando de repetición de compra, y no de fidelidad a la marca.

7. El capital de marca (Brand Equity).

El capital de marca es el valor que tiene una marca desde un punto de vista de su capacidad para generar más ventas gracias a su notoriedad. Es decir, si la marca no fuera tan notoria, los consumidores tenderían a comprar menos sus productos y servicios. Por lo tanto, el capital de marca indicaría el grado de elección de una marca por parte del consumidor. Podría ser adoptado como un indicador de ventas a largo plazo.

El capital de marca responde a la pregunta: ¿A quién le gustas?

El capital de marca indica el valor que una marca aporta a sus productos o servicios. Es un aspecto intangible que aporta a los consumidores motivos para decantarse por unas u otras marcas. Si un consumidor al ver un producto no padece algún tipo de reacción, quiere decir que estamos delante de un producto genérico, el cuál será medido a través del precio y no de su valor de marca.

Los factores que afectan al capital de marca son:

- El conocimiento de marca: La habilidad de una marca para ser reconocida por sus consumidores.
- Las asociaciones de marca: las imágenes o símbolos que los consumidores asocian a una marca.
- La calidad percibida: Es la percepción de los consumidores sobre la calidad global de la marca.

Las marcas de mayor valor son aquellas que consiguen establecer relaciones estrechas, estables y de largo recorrido con sus clientes, logrando mejores resultados económicos para la empresa. Existe una correlación directa entre el valor económico de una marca y su capacidad de conectar emocionalmente con sus clientes. A la hora de evaluar el valor de una marca debemos tener en cuenta, al menos, los siguientes aspectos:

- Los vínculos emocionales con sus consumidores.
- La diferenciación.
- La percepción de marca.

- El posicionamiento en su mercado.
- El dinamismo generado aumenta el valor de la marca.
- Precio percibido.
- Coincidencias con los ideales de nuestro target
- Capacidad y volumen para generar negocio.
- Visibilidad.

Estos son algunos de los aspectos que deberíamos tener en cuenta a la hora de valorar la parte más subjetiva de una marca.

Una gran marca debe estar bien construida, tanto en lo que no vemos como en lo que vemos. Las marcas son como un iceberg, posiblemente solo hayas visto el 10% de su superficie, el 90% restante se encuentra sumergido absorbiendo el frío y manteniendo su estructura. Lo que vemos es la parte tangible o perceptible de la marca. Aquello que vemos a primera vista. Pero, sumergido en nuestras mentes, está todo aquello que no vemos. Todo lo que da el verdadero significado a la marca, lo que nos genera comportamientos.

Esto me recuerda a la Teoría del Iceberg de Ernest Hemingway[28], teoría que se aplica en diferentes ámbitos empresariales. Como en el desarrollo de estrategias corporativas o de branding. Esta teoría tiene su origen en el estilo de escritura minimalista desarrollado por Ernest Hemingway, que sitúa la clave de la narración por debajo de la superficie dejando visibles únicamente los hechos imprescindibles. Si trabajamos bien ambas dimensiones, visible e invisible, conseguiremos maximizar el valor de nuestra marca proyectando una imagen sólida y competitiva en el mercado.

---

28   La teoría del iceberg (también conocida como la teoría de la omisión) es una técnica de escritura acuñada por el escritor estadounidense Ernest Hemingway. Como joven periodista, Hemingway tuvo que enfocar sus informes periodísticos en eventos inmediatos, con muy poco contexto o interpretación. Por lo que, cuando se convirtió en escritor de cuentos, conservó este estilo minimalista, enfocándose en elementos superficiales sin discutir explícitamente los temas subyacentes. Hemingway creía que el significado más profundo de una historia no debería ser evidente en la superficie, sino que debería brillar implícitamente.

VENTAJAS DEL BRANDING

Algunas de las principales ventajas de apostar por el branding como enfoque de trabajo son:

- Potencia y trabaja las diferencias de nuestra marca con la del resto de competidores de nuestro sector. Favoreciendo la diferenciación.
- Optimiza y mejora procesos que se salen de las líneas de actuación/comportamiento de la marca, aumentando el valor de la compañía.
- Permite posicionar la marca en la dimensión deseada.
- Es una inversión a medio/largo plazo. Una marca fuerte aumenta el valor de la compañía para futuros inversores.
- Alinea a todos los departamentos de la empresa bajo una misma plataforma. Trabajando en la coherencia en los procesos internos y externos.
- Permite ser más reconocible por sus consumidores e interesados.
- El branding define las líneas comunicacionales de la marca en todos los canales, soportes y plataformas.

Parece estar claro que una organización enfocada en la marca es una organización que piensa en el futuro.

Seguro que ya tenemos más claro que el branding no es sólo un logo y diseño.

¿POR QUÉ INVERTIR EN BRANDING?

La marca es uno de los activos más valiosos de las empresas, pues es la suma de cómo los clientes, colaboradores, consumidores y otros grupos de interés perciben a la organización.

Invirtiendo en branding, seremos capaces de dar la forma deseada a esas percepciones, siendo esto una de las claves para influir en el comportamiento. Y es el comportamiento lo que finalmente impacta en el resultado final. La marca no debería entenderse como otro costo a incluir en la partida de marketing. El desarrollo de la marca es una inversión que, si se realiza correctamente, traerá rendimientos exponenciales a lo largo de la vida del negocio.

Al invertir en branding estaremos ayudando a desarrollar la marca, y esta es una de las inversiones más sólidas que una empresa puede hacer. Especialmente si una organización se encuentra en un proceso de crecimiento, o en una crisis de enfoque: mercado, público, propuesta, etc.

El correcto desarrollo de la plataforma de la marca permitirá identificar exactamente qué tipos de clientes son los que están más alineados con la cultura y el propósito únicos de la empresa. Definiendo con detalle qué tipos de clientes son los que mejor encajan con la empresa, seremos capaces de alinear la identidad de la marca para dirigirla exactamente a los clientes ideales.

Existen grandes diferencias a nivel esfuerzo comercial entre tratar de vender una marca desconfigurada y obsoleta; y una marca fresca y diferenciada. Las marcas bien definidas son más fáciles de vender porque su posicionamiento, valores y beneficios están entrelazados en su narrativa de marca. Si hemos conseguido desarrollar una marca coherente y convincente, una gran parte del trabajo comercial estará hecho para el vendedor antes de la conversación inicial.

Una buena marca simplifica la comunicación y hace que la compañía hable de manera más clara, facilitando el entendimiento de la oferta, lo que también genera empatía y confianza. Al obtener un mejor entendimiento del público, seremos capaces de desarrollar campañas con mensajes más relevantes y dirigidos a los segmentos de clientes más valiosos.

Esto no solo permite que las marcas puedan aumentar la valoración de sus productos y servicios, sino que también tiene un efecto considerable en el precio de las acciones. La forma en la que se percibe una marca determina cómo se comportan sus clientes, y el comportamiento del cliente determina el rendimiento financiero de una marca. Las personas están dispuestas a pagar precios superiores por las marcas premium. Podremos conseguir posicionarnos como líderes de la industria, ofreciendo un conjunto de propuestas de valor que ninguno de los competidores ofrece. Las marcas que determinan un posicionamiento significativo pueden justificar su valor y cobrar precios más altos por sus productos o servicios.

La conclusión transversal para tener claro por qué invertir en branding es que la marca no debe ser vista como un opción adicional, sino como un requisito esencial; un elemento clave y previo para cualquier acción de comunicación.

10 GRANDES EJEMPLOS DE BRANDING

STARBUCKS

Es una de las empresas número 1 con su manejo de branding. Con ingresos mensuales de más de 10 millones de dólares y con más de 14.000 tiendas de café en todo el mundo, Starbucks se ha convertido en un magnate del branding y el marketing. La estrategia de marca de Starbucks gira en torno a un espacio amigable y, sobre todo, joven, lo cual, en definitiva, transforma esta tienda convencional de café en un espacio relajado y con estilo.

Más aún, si tenemos en cuenta el mobiliario, en los locales podrás encontrar diferentes tipos de mesas para compartir con desconocidos, sillones bien blandos y cómodos, salas de estudio con enchufes para recargar tu ordenador o teléfono, en fín, todo lo que te hace sentir como si estuvieses en tu casa, uno de los aspectos que hace de Starbucks uno de los ejemplos de branding más exitosos es el servicio. Los vasos son elaborados por la propia compañía y, además, llevan siempre escrito los nombres de sus clientes con plumón; este es un aspecto que ha fortalecido, notablemente, el vínculo emocional y la cercanía entre los clientes y esta increíble tienda de café. La marca de Starbucks representa uno de los mejores ejemplos de branding social porque está fuertemente ligada a las causas benéficas y al compromiso con la sociedad. Asimismo, su diseño de logotipo siempre ha sido el símbolo insignia de Starbucks: una sirena dentro de un círculo, con dos estrellas a los costados, todo en color verde.

CONVERSE

Otro de los ejemplos de branding corporativo que no podemos dejar de nombrar es el de Converse. Fundada en 1908, esta fábrica de tenis sí que ha sabido posicionarse en el mercado y, no solo por sus productos, sino también, por lo que su marca empresarial transmite: diversión, originalidad, rebeldía y juventud. Su logo consiste en un círculo con una estrella impresa, en el que, además, figura "Chuck Taylor- All Star", en honor al jugador de baloncesto estadounidense de los años 50'. Este logotipo se convirtió en el sello y en la_identidad corporativa de Converse por años, y, aún hoy en día, se continúa viendo en varios de sus productos. Actualmente, Converse ofrece una línea de accesorios bastante amplia, desde gorras, playeras, sudaderas, mochilas, etc. Sin embargo, el producto que realmente logró el desarrollo de marca fueron los tenis, los cuales tomaron un importante protagonismo en el mercado gracias a los famosos, sobre todo a partir de los años 50' y 70' cuando famosos como Elvis Presley o Kurt Cobain, incluso jugadores de basketball comenzaron a usar los tenis.

DOVE

Uno de los ejemplos de branding emocional que no podemos dejar de mencionar es el de Dove, marca empresarial de belleza y cuidado personal que comercializa en más de 80 países y cuya insignia, aún hoy en día, se mantiene intacta. Los valores de la marca apuestan 100% al concepto de belleza natural, sin importar los fenotipos, la edad, el cuerpo o las imperfecciones en la piel. Fue así como Dove logró ocupar en poco tiempo un lugar importante en la mente de cada mujer y crear una percepción de la marca única y duradera a nivel mundial.

COCA-COLA

Como es sabido, no podíamos hacer esta lista de los ejemplos de branding más exitosos sin mencionar a Coca-Cola, la bebida insignia que cuenta con más de 100 años en el mercado y, aún así, continúa batiendo récords en ventas y publicidad. Una de las estrategias de marketing que más se destacan en Coca-Cola es el uso del branding emocional, ya que su marca continuamente está evocando los valores de la familia, los amigos, los encuentros, las festividades y los eventos importantes, tales como Navidad.

Asimismo, otra prueba de esta estrategia de marketing emocional es que Coca-Cola refuerza, cada vez que puede, el concepto de felicidad, compartiendo y vendiendo hermosos y alegres momentos por medio de esta bebida. Esto en marketing se lo llama *efecto wow* y es una de las principales herramientas para el branding de marca de Coca-Cola.

APPLE

Otro de los mejores ejemplos de branding corporativo es Apple, ¿quién no conoce el logo con una manzana y una mordida en uno de sus lados? Sin duda, el logo empresarial de Apple ha logrado ser una de las estrategias de brand marketing más conocidas a nivel mundial y, no es para menos, ya que el mismo presenta una personalidad única, donde la simpleza en el diseño y el color blanco son los únicos protagonistas.

El mismo apunta a un estilo completamente minimalista de orden y estructura, características propias del branding de Apple, que se repiten, no solo en el packaging de sus productos, sino también, en sus tiendas, páginas web, redes sociales y campañas. Otro de los principios básicos del branding de Apple es conseguir que sus clientes generen de forma inmediata la lealtad a la marca y, esto lo logra, principalmente, creando un fuerte vínculo emocional con ellos, averiguando sus gustos y procurando que disfruten siempre de las experiencias que les brinda Apple. De ahí que, sus clientes pasan a sentirse reconocidos, hasta el punto de transformarse en *brand-lovers* incondicionales. La misma se basa en el valor agregado del producto, con un precio superior a lo que el mercado dicta.

LEGO

Esta marca representa uno de los ejemplos de branding que más atrae a niños y adultos por igual. Además, se trata de una marca muy identificable: basta ver una pequeña parte de una de las piezas LEGO para reconocerla. Esta empresa ha sabido combinar a la perfección los colores, los diseños, el logotipo y la estrategia de marketing para transmitir emociones relacionadas con la diversión, el tiempo libre y la familia. A lo largo de la historia, LEGO ha implementado diversos procesos de innovación que tuvieron efectos en su estrategia de branding, busca invitar a su público a explorar sus potenciales y a sacar el máximo provecho de su creatividad.

AMAZON

La historia de Amazon da cuenta de que la plataforma ha sabido ganarse el reconocimiento del público a nivel global. Sus colores y la forma de la sonrisa en una caja no podrían ser más adecuados para representar una empresa de comercio electrónico. Sin dudas, la marca transmite calidez y transparencia en su tono de comunicación e imagen. Esto la convierte en una de las favoritas del público a nivel mundial, incluso en aquellos países donde no se encuentra la compañía.

DISNEY

En este listado de ejemplos de branding famosos no podía faltar el caso de Disney. Esta marca ha sabido llegar a los corazones de su público, tanto adultos como niños, a través de su tipografía, sus colores, su tonos de comunicación, su música y sus personajes. Es que lejos de ser simplemente una marca de entretenimiento para niños, su estrategia de branding global ha logrado posicionar a Disney como una compañía que cumple sueños y hace al mundo un poco más feliz.

GOOGLE

Con su imagen amigable, moderna y simple, Google es uno de los mejores ejemplos de branding del mundo. Sus rasgos característicos han representado, por años, los valores de accesibilidad y cercanía; algo que otros buscadores no han sabido lograr. Los colores, la tipografía, su identidad corporativa, sobre todo sus oficinas y la imagen del buscador más importante del mundo son inconfundibles. Sin lugar a dudas, se trata de una empresa que se ha esforzado por tener una estrategia de branding única y original.

El logotipo del buscador ha tenido diversas modificaciones a lo largo de los años, pero el rebranding de Google del 2015 fue, quizás, el más radical. Allí pasó de una tipografía serif a una sans serif geométrica y logró sorprender a toda su audiencia. La fuente elegida fue desarrollada por la propia marca y se llama Product Sans. Los elementos que conforman su logotipo están basados en círculos y líneas, de características notablemente simples. La combinación de estos elementos con los colores característicos de Google proyecta un estilo de marca accesible, amigable y cercano.

NIKE

Por último, pero no menos importante, tenemos otro de los ejemplos de branding más relevantes en la actualidad: el caso Nike. La marca tal como se la conoce nació en 1973. Hoy en día, la identidad de marca de Nike es, indudablemente, igual de relevante que sus productos. A diferencia de muchos de sus competidores, el branding de Nike promueve ideas de individualismo y empoderamiento personal. El logotipo de Nike, el famoso "Swoosh", fue desarrollado por Carolyn Davidson, una estudiante de diseño gráfico que cobró tan sólo 35 dólares por su creación. Sin embargo, años más tarde, el fundador de Nike, Phil Knight, le dio a Carolyn un anillo de oro y acciones de Nike a manera de agradecimiento.

Si quieres destacarte en el mercado, como lo han hecho estas exitosas empresas, entonces, tu mejor opción será hacer lo que ellas hicieron: Branding.

El branding no es un proceso de una sola vez, sino que está en evolución constante; además, requiere que conectes con el corazón de tus clientes y de tu negocio.

PRÓXIMA DÉCADA

Venimos y vivimos en tiempos de pandemia y parece que debemos reformular nuestro entorno. Las primeras marcas comerciales tuvieron una funcionalidad identificativa lo demuestran los restos de vasijas, ánforas, cerámicas de las primeras civilizaciones que trasladaban materias primas, comida y bebida de unos puertos a otros y que debían marcarse para poder identificar a quién pertenecían los contenidos de dichos envases. Estamos hablando de varios milenios antes de Cristo y como en los cuentos, pasaron miles de años hasta que la Edad Media europea trajo el segundo nacimiento de la marca comercial. La marca, en esta segunda etapa, no solo identifica los productos, sino que al identificarlos los dota de un sello de calidad al ser productos pertenecientes a un gremio de una población concreta.

Con la industrialización, la producción manufacturada va perdiendo peso en favor de la producción industrial, la marca adquiere entonces otra nueva función, que se añade a las anteriores, de identificación y de calidad. Cuanto más valor social tiene el producto más valor monetario le concedemos y la marca se convierte en un elemento que incrementa su peso en el cálculo del precio y del prestigio.

El siglo XX nos trajo otra transformación de la marca de la mano de los grandes medios de comunicación de masas. El producto y la marca se convierten en el gran configurador social. Nacen las supermarcas capaces de modificar el consumo, crear tendencias y transformar la sociedad. Pero en la última década del siglo se iba a producir una de las grandes transformaciones de la historia de la humanidad, a la altura de la invención del fuego o de la rueda; el Internet.

Internet lo cambia todo. Internet cambia el paradigma de la comunicación. El poder se basaba en el control de la comunicación y del mensaje. Hoy, algunos comportamientos corporativos siguen intentando dominar el proceso y utilizan la comunicación social para seguir estructurando el comportamiento de los ciudadanos. Internet cambia el paradigma porque democratiza el acceso a la comunicación bidireccional, horizontal y en red a millones de personas. El cambio de paradigma de la comunicación ha provocado, entre otras cosas, que tenga especial importancia el ser humano como elemento de cohesión y desarrollo social. El ser humano, no como individuo concreto, sino como elemento de composición de cualquier sociedad. La comunicación debe ser de persona a persona, las marcas están compuestas de personas que hablan con personas y no de entes corporativos impersonales que están por encima de todo.

En la tercer década del siglo XXI surge el "Brand Activism"[29], según el diccionario de la RAE, activismo[30] es la "tendencia a comportarse de un modo extremadamente dinámico", por tanto, las marcas activistas son marcas activas, pero ¿pueden las marcas ser activistas? El branding moderno es emocional y ha cambiado esta forma de gestionar la marca, las marcas nacen con un propósito y ese propósito es lo que las conecta con sus clientes, por eso ahora buscan resolver conflictos o problemas a nivel global, lo que las hace activistas y activas. Y una vez que la marca está activa, comprometida y es activista, ¿qué más se puede esperar del branding? Ahora el ciudadano no solo está más comprometido, ahora busca premiar

---

[29] Christian Sarkar, Philip Kotler. Brand Activism: From Purpose to Action. Idea Bite Press. 3 Marzo 2021. 282 Páginas.

[30] Activismo. De *activo* e *-ismo; cf.* al. *Aktivismus*. 1. m. Tendencia a comportarse de un modo extremadamente dinámico. 2. m. Ejercicio de proselitismo y acción social de carácter público, frecuentemente contra una autoridad legítimamente constituida. 3. m. Fil. Doctrina según la cual todos los valores están subordinados a las exigencias de la acción y de su eficacia. https://dle.rae.es/activismo

el consumo de marcas responsables y activistas. Los consumidores, cada vez más, admiran a las personas o marcas que consumen de forma responsable, ya que en muchas ocasiones no les permite a ellos mismos ser consumidores responsables y, los que pueden, están dispuestos a pagar más por el mismo producto si es responsable. Pero la próxima década nos deparará un nuevo reto en la gestión de las marcas. El producto más importante del mercado será la información (nuestra data), gracias a los cuales se tomarán decisiones. Las marcas que tengan nuestra información, podrán mejorar sus decisiones futuras, controlar el mercado y a sus consumidores. Los datos sirven para venderlos, manipularnos y hacer que otros tengan más poder gracias a ellos. La información será el poder sobre los consumidores. Hay datos estructurados y desestructurados, las marcas con datos estructurados son las que propician el consumismo, como una perversa forma de crecimiento y de manipulación social (pueden hacer trampa), por el contrario, una marca con datos desestructurados es aquella que tendrá incertidumbre para elegir nuevos caminos hacia el progreso. Somos lo que consumimos y el poder está en nuestras decisiones de compra, los datos reflejan cada uno de esos detalles, esas empresas o marcas aprenden sobre nuestras preferencias respecto a interacciones sociales y relaciones. Básicamente, los algoritmos revelan los patrones de nuestras relaciones personales y en todas las interacciones que realizamos diariamente, les brindamos toda la información sobre nosotros.

Por ejemplo en el caso de Twitter. Abres una cuenta y, pocas horas después, en la sección de usuarios recomendados aparecen las cuentas de varios de tus amigos, tus actores favoritos, e incluso un compañero de cuando ibas al colegio y con quien no hablas desde hace años. ¿Por qué tiene Twitter toda esa información? ¿Cómo ha sabido qué cuentas debía recomendarte con tanta precisión? Los algoritmos de este tipo suelen ser bastante complejos, pero lo tienen bastante fácil para obtener la información que necesitan.

O mejor dicho, se los ponemos bastante fácil. En cuanto abrimos una cuenta en cualquier red social, facilitamos diversos datos a la plataforma, como por ejemplo nuestro correo electrónico o nuestro número de teléfono. A través de esos datos, que seguramente habremos usado en otras redes sociales y en numerosos sitios web, la red empieza a tejerse, les permite conocernos incluso mejor. Por ejemplo, si seguimos a varias personas con algún hobby en común, las redes sociales empezarán a mostrarnos usuarios con ese mismo hobby. Los algoritmos se encargan de aprender todo lo que pueden sobre nuestros intereses para darnos una información concreta con todos los datos que tienen de nosotros. Los algoritmos lo tienen bastante fácil. Tienen claras nuestras preferencias, y hacen lo posible por ofrecernos las mejores opciones posibles. E incluso cuando no estamos buscando información activamente, los algoritmos ponen delante de nosotros una gran cantidad de contenido recopilado en base a nuestras preferencias. Todo esto podría parecer una gran ventaja para nosotros, ya que lo pone muy fácil para encontrar el contenido exacto que queremos. Pero por beneficioso que parezca, presenta un problema considerable.

Este problema es el efecto burbuja, y puede afectar seriamente a nuestra percepción y criterio sin que seamos conscientes de ello. A base de darnos solamente la información acorde a nuestras ideas, los algoritmos sesgan completamente nuestra percepción de la realidad. El consumo por internet, ya sea en forma de compras online o mediante el uso de plataformas de streaming en nuestros ratos de ocio, ha hecho que dispongamos de innumerables opciones. Como consumidores, esto suele ser una ventaja. Tenemos mayor variedad de productos entre los que elegir, variedad de precios para que podamos escoger aquellos que se ajustan a nuestras necesidades, toda esta variedad hace que tengamos la sensación de tener un mayor control, mayor poder de decisión sobre todos y cada uno de los objetos de consumo que enfrentamos en nuestro día a día. Pero es simplemente eso, una sensación. Los algoritmos crean una fantasía, una fachada frente a los productos que consumimos que nos hace creer que tenemos control sobre la situación. La realidad es que nuestro consumo de cualquier tipo está controlado por la información que poseen las marcas. Como con todos los demás ámbitos, los algoritmos recopilan información sobre nuestros hábitos y preferencias de consumo, y los utilizan para guiarnos hacia productos concretos.

Esto puede ser una ventaja en ciertas ocasiones, ya que nos pone las cosas fáciles a la hora de elegir un producto concreto, o encontrar productos de marcas que nos inspiran confianza. Pero los datos muestran que nuestras elecciones en las plataformas de streaming están extremadamente condicionadas por la elección que hacen estos algoritmos para cada uno de nosotros. En consecuencia, no es raro que el algoritmo nos muestre un producto similar al que queremos, pero cuya venta beneficiaría más a la empresa. A fin de cuentas, los humanos somos influenciables, y los algoritmos están más que preparados para sugestionarnos y convencernos de que hagamos algo en concreto. Esa es nuestra nueva realidad, que cada vez que queremos hacer cualquier compra o consumir cualquier marca o producto, los algoritmos se ponen en funcionamiento para guiarnos sutilmente hasta ellos. Internet ha facilitado que hoy cualquier individuo o cualquier marca, si tiene una buena historia que contar al mundo, pueda hacerlo. Hoy pueden existir marcas que son capaces de elegir lo que queremos. La década sólo traerá más de lo mismo.

EPÍLOGO

Como te habrás dado cuenta, crear y mantener un buen branding es un proceso extremadamente importante para las empresas que buscan convertirse en líderes del mercado. Por esta razón, no es un proceso simple. Cuando pensamos en las compañías más grandes en el escenario actual, sabemos que cada una de ellas llegó allí porque tenía una propuesta única, brindaba experiencias espectaculares y sabía cómo comunicarlas. Esa es la gran diferencia entre cualquier tienda de tenis y Nike, entre una marca de bebidas y Coca-Cola, entre plataformas de streaming y Netflix.

Todos entregan productos increíbles, pero es el poder de sus marcas lo que los vuelve únicos e impulsa a sus consumidores a comprarle más que a sus competidores. Ciertamente, a partir de ahora, tienes las herramientas para hacer un buen trabajo de branding, transformar tu marca y conquistar, aún más, el mercado.

Made in the USA
Columbia, SC
04 May 2023